Christa Kössner, Dr. Leopold Leeb, Dipl. Ing. Alois Senger

# Meine Krankheit spiegelt mich

Christa Kössner
Dr. Leopold Leeb
Dipl. Ing. Alois Senger

# Meine Krankheit spiegelt mich

Individuelle Symptom-Entschlüsselung
mit der Spiegelgesetz-Methode®

ENNSTHALER VERLAG, A-4400 STEYR

*Erklärung*

*Die in diesem Buch angeführten Vorstellungen, Vorschläge und Therapiemethoden sind nicht als Ersatz für eine professionelle medizinische oder therapeutische Behandlung gedacht. Jede Anwendung der in diesem Buch angeführten Ratschläge geschieht nach alleinigen Gutdünken des Lesers. Autoren, Verlag, Berater, Vertreiber, Händler und alle anderen Personen, die mit diesem Buch in Zusammenhang stehen, können weder Haftung noch Verantwortung für eventuelle Folgen übernehmen, die direkt oder indirekt aus den in diesem Buch gegebenen Informationen resultieren oder resultieren sollen.*

www.ennsthaler.at

ISBN 3-85068-594-2


Ennsthaler Gesellschaft m.b.H. & Co KG, A-4402 Steyr
Satz und Druck: Ernst Denkmayr GmbH, A-4020 Linz

# INHALT

**Teil 3**

**Wir beleuchten …**



**Teil 4**

## Die Autoren

### Christa Kössner

Ich lebe seit meiner Geburt im Jahr 1947 in meiner Heimatstadt Wien. Seit meiner frühesten Jugend begeistert es mich, zu schreiben. Als mein erster Zeitungsartikel in einer Kolumne für Kinder veröffentlicht wurde, war ich neun. Später folgten dann hauptsächlich Gedichte und Kurzgeschichten. Seit meinem 18. Lebensjahr faszinieren mich spirituelle Zusammenhänge und analoge Gleichnisse. Seit mehr als 30 Jahren beschäftige ich mich damit. Im Sommer 1991 wurde mir eine unvorstellbar schöne Gotteserfahrung zuteil, die ich in meinem Buch *„Schlüssel zum Glücklich-Sein – Das Spiegelgesetz“* beschreibe. Infolge dieses Gnadenerlebnisses entschloss ich mich für eine Ausbildung zur Lebensberaterin, die ich 1993 mit einem Diplom abschloss. Ich habe mich auf das Spiegelgesetz spezialisiert und bis dato (das vorliegende mit eingeschlossen) fünf Bücher zu diesem Thema geschrieben. Auf meinem ersten Spiegelgesetz-Seminar vor vier Jahren in Igls bei Innsbruck fiel mir live, coram publico, eine einfache Methode ein, wie wir das Spiegelgesetz sofort in der Augenblickssituation anwenden können. Mein Büchlein dazu: *„Die Spiegelgesetz-Methode®“ – praktischer Wegweiser in die Freiheit.* Nachdem ich davon überzeugt bin, das es völlig gleichgültig ist, in welchen Spiegel wir blicken, um UNS zu erkennen, verwirklichte ich meine Ideen in zwei weiteren Büchern: *„Mein Auto spiegelt mich“* und *„Mein Haustier spiegelt mich“*. Es ist mein Lebenstraum, die Spiegelgesetz-Bücherfamilie zu einer Großfamilie heranwachsen zu lassen - zu meiner und zu vieler Menschen Freude!

**Dr. med. Leopold Leeb**

Ich wurde 1950 im Sternzeichen Wassermann geboren. Nach meiner Ausbildung zum praktischen Arzt folgten Studienaufenthalte in verschiedenen Naturheilzentren in Mexiko und in Lehrstätten für humanistische Psychologie in Kalifornien. Parallel dazu schloss ich meine Homöopathieausbildung bei Prof. Dorcsi ab. 1981 eröffnete ich eine biologisch orientierte Privatpraxis in Baden bei Wien mit den Schwerpunkten Homöopathie, Bachblüten, Irisdiagnose und psychologischer Beratung.

**Dipl. Ing. Alois Senger**

Meinen Neigungen (Technik, Liebe zur Weisheit, Gespräche mit Menschen) folgend, wählte ich die Technik für die Erwerbung meines Unterhalts. Als Diplomingenieur der Elektrotechnik startete ich in einem Industriekonzern in der Produktentwicklung. Schon bald nahmen die Gespräche mit Menschen einen größeren Teil meines Daseins ein. Gespräche im Beruf wie auch im Privatleben, Weiterbildungen im Bereich der Kommunikation, Systemische Beratung, Gruppendynamische Prozessbegleitung, sowie Hinwendung zu Schriften über Jesus und Mahatma Gandhi, Bhagavad Gita, Kurs in Wundern, Schriften über Sathya Sai Baba und Ramana Maharshi unterstützten mich in meiner Weiterentwicklung. Mich selbst nährt seit langem „Die Liebe zur Weisheit“, auch Philosophie genannt. Durch diese drei Neigungen lernte ich, mich aufzurichten – Aufgerichtet im Sein dieser Welt.

## Vorwort

Die Idee zu diesem Buch wurde an einem sonnigen Frühlingstag in der Kurstadt Baden, Nähe Wiens, geboren. Ein knappes Jahr davor - bei einem Ferienseminar auf der Wiedner Alm, das ich leitete - hatten wir uns dieses Wiedersehenstreffen ausgemacht.

Alois, Leopold, ich und die anderen saßen an jenem Maientag beim Mittagessen auf einer gemütlichen Restaurantterrasse, als einer von uns – ich glaube es war Leopold – plötzlich jene einzigartige Idee heraussprudelte, die sich jetzt in diesem Buch verwirklicht: „Symptome sind ja auch nur Spiegelbilder. Also muss es doch möglich sein, Deine Spiegelgesetz-Methode auch bei Symptomen anzuwenden.“ Ich erinnere mich noch genau an meine Reaktion. Mein Herz begann spürbar zu klopfen! Auch unsere Freunde waren von der Idee begeistert, einen neuen, revolutionären Ansatz zur Symptom-Entschlüsselung an die Öffentlichkeit zu bringen. Mit herzlichen Umarmungen und der Verpflichtung, ab jetzt die Spiegelgesetz-Methode mit bereitwilligen Personen zu testen, besiegelten wir unser gemeinsames Buchprojekt. Wir gaben uns das Versprechen, unser Werk behutsam und leicht entstehen zu lassen, ohne geringste Anstrengung oder Druck. Noch drei andere Gebote legten wir für den Inhalt unseres Buches fest: Klarheit, Kürze und Einfachheit. Den geistigen Ursprung von Symptomen aufzuspüren, ist für alle Menschen gleichermaßen anwendbar, unabhängig von Schulbildung, Alter und Geschlecht. Die einzige Voraussetzung für erfolgreiches Herausfinden negativer Glaubenssätze mag vielleicht jene kleine Bereitwilligkeit sein, die auch im „Kurs in Wundern“ immer wieder zitiert wird: „Deine kleine Bereitwilligkeit genügt ... den Rest überlasse getrost dem lieben Gott“.

Das Einfache und Klare gehört schon lange zu meiner Lebensmaxime. Ich habe vor vielen Jahren damit aufgehört, mein Leben zu verkomplizieren oder in ein gewolltes Drama zu verwandeln. Heute bejahe ich voller Freude meinen Seinsauftrag: Ich bin auf der Welt, um glücklich zu sein. Mir ist bewusst, dass ich jedes Symptom aus einem einzigen Grund selbst hervorrufe: Um vollständig (!) zu sein! Mehr darüber kannst Du auf den folgenden Seiten lesen. Wir – Alois, Leopold und ich – wünschen Dir erkenntnisreiche Stunden beim Studium unseres Buches, wenn Du ab nun die **Liebesbotschaften** Deiner Symptome wahrnehmen lernst, die Dich heilen und ganz machen.

Unser einziges Herzensanliegen ist es,
Dir Hinweise zu geben, ohne Dogmen aufzustellen.

# Teil 1

## Ein paar Worte zum Spiegelgesetz

Alles, was von außen auf uns zukommt, stammt aus uns selbst … so beschrieben griechische Philosophen das Spiegelgesetz. Noch klarer hört sich die Definition von Hermes Trismegistos an:

Wie innen, so außen.

Auf die Einzelperson umgemünzt bedeutet das – was ICH in meiner Geisteshaltung befürworte, das nehme ich wahr. Was ICH aus meinem Geist ausklammere, das nehme ich nicht wahr. Ein Beispiel:

XY glaubt, dass die heutige Jugend schlecht ist. Tagtäglich bekräftigt er seine negative Meinung, indem er seinen lieblosen Glaubenssatz laut ausspricht: „Die heutige Jugend ist schlecht. Das ist doch eine Tatsache." INNEN im Geist des XY existiert demnach *nur eine schlechte Jugend.* Daher kann XY im AUSSEN nur eine schlechte Jugend wahrnehmen! Die lieben, guten, fröhlichen, aufgeschlossenen Jugendlichen bleiben für XY unsichtbar, solange er in seiner Geisteshaltung kein grünes Licht dafür herstellt. Selbst einen Engel in Menschengestalt würde XY nicht erkennen … **weil er sich selbst (!)** aufgrund **seines Glaubens** an die Schlechtigkeit der heutigen Jugend blind und taub für das Gute an jungen Menschen macht.

Woher stammen unsere negativen Glaubenssätze? Wie kommt es, dass wir an unserer schlechten Meinung über … das Wetter, die Autofahrer, die Politiker, unseren Chef, unseren Nachbarn, die Verwandten, Hunde, Schlangen … festhalten oder bei bestimmten Verhaltensweisen, wie zum Beispiel ... lautstarker Gesprächston, auffälliges Outfit, Rauchen, spät abends Essen ... die Nase rümpfen? Wer schreibt uns das vor? Wer bestimmt UNSERE Glaubenssätze?

Bis jetzt gab es kaum einen Spiegelgesetzmethode-Workshop, wo wir uns diesen Fragen nicht auslieferten. Und wenn ich dann zu meinen Seminarteilnehmern sagte: „Da ist niemand außerhalb von mir, der mir etwas vorschreibt“ ... blickte ich zumeist in erstaunte Augenpaare. Selbst auferlegte Lieblosigkeiten, Einschränkungen und Mängel als Illusionen zu entlarven, ist für viele noch immer ungewohnt. Deshalb schreibe ich für die Anwesenden meistens eine meiner goldenen Lebensregeln auf ein Plakat: *Ich darf alles und bin dafür geliebt*. Wenn dann jemand ein „Aber ... das kann es doch nicht geben“ äußert, knüpfe ich dort an, um den/die Betroffene/n mit seinem negativen Glaubenssatz zu konfrontieren. Alles zu dürfen, ist unser Geburtsrecht. Wir müssen uns bloß über die Konsequenzen unseres Handelns bewusst sein und diese auch tragen – das ist alles.

Wer die Spiegelgesetz-Methode als Mittel zur Geisteserforschung anwenden möchte, hat auch mit seiner Kindheit kein Problem mehr. Meine eigene Bewusstheit darüber, dass sich meine Seele aufgrund bestehender Glaubenssätze selbstverständlich auch die MIR entsprechenden Eltern ausgesucht hat, wirkt befreiend und hebt mich in die Kompetenz eines Schöpfers von Tatsachen, der im Außen keinen „Schuldigen“ mehr zu suchen braucht. Immer wieder behaupten Seminarteilnehmer, dass sie von ihrer schrecklichen Kindheit „geprägt“ wären und man (?) das nicht so einfach wegdenken könne. Wer sagt das? Wer bestimmt MEINE düsteren Gedanken? Wer schreibt mir vor, dass ich mich daran festkralle, anstatt die leidige Geschichte ein für alle Mal zu vergeben? Alle, die mich persönlich kennen, erraten bestimmt meine Antwort: „Ich bin es selbst, die sich mit 40 oder 50 noch immer in meiner Kindheit aufhalten WILL. Es gefällt mir, darin zu wühlen – anstatt mich auf etwas Neues, Schönes, Wunderbares einzustimmen." Ich halte es sehr wohl für angebracht, die Kindheit im Erwachsenenalter noch EINMAL zu beleuchten. Aus dem einzigen Grund, weil ein solcher Rückblick hilft, die Sinnhaftigkeit der damaligen Umstände zu begreifen. Als gewollte Selbstquälerei bezeichne ich hingegen, wenn das jemand ununterbrochen tut. Wir sind auf der Welt, um glücklich zu sein – nicht, um ein Leben lang unter unserer Kindheit zu leiden. Vergeben ist ein Thema, das ich meistens auf Ferien-Seminaren anspreche, um den Teilnehmern jene Friedlichkeit vor Augen zu führen, die wir dann in uns spüren, wenn wir verzeihen und vergessen.

Zurück zum Spiegelgesetz. Wie *außen* sichtbar an meinem Körper, so innen vorhanden in meiner Geisteshaltung. Wenn sich also an meinem Körper ein bestimmtes Symptom breit macht, so ist das ein Spiegelbild meines Denkens und Glaubens.

Mein Symptom
macht MEINE Lieblosigkeit, MEINEN Mangel und
MEINE Einschränkung
einem bestimmten Verhalten, einer bestimmten
Eigenschaft gegenüber, sichtbar.

Das bedeutet … **ICH (!)** hege und pflege seit Jahren Verbote gegen bestimmte Eigenschaften und Verhaltensweisen … obwohl diese bestimmten Eigenschaften und Verhaltensweisen in Wirklichkeit **zu meinem Wesen** gehören – und zwar in ihrer positiven Form. Ein Beispiel:

Helga 47, litt bereits seit Monaten unter Durchfall. Mithilfe der Spiegelgesetz-Methode gelang es der Frau, ihren negativen Glaubenssatz auszusprechen, mit dem sie ihr eigenes Wesen in einem ganz bestimmten Punkt unterdrückte → „Ich muss immer für meinen Mann da sein." Helga hatte zuvor ihr Darmsymptom als *störend, lästig und unruhig* beschrieben. Was sich positiv umgewandelt so anhörte: *Aufmerksam machend, Platz ergreifend, beharrlich und suchend.* Und GENAU DIESE EIGENSCHAFTEN waren es, die sich Helga aufgrund ihres Verbotes „Ich darf meinen Mann nicht alleine lassen. Mein eigenes Leben ist zweitrangig." selbst versagte – obwohl es **zu ihrem Wesen, zu ihrer Vollständigkeit (!)** gehört → auf sich aufmerksam zu machen, sich Raum zu schaffen, Beharrlichkeit zu entwickeln und neue Alternativen zu suchen. Nachdem sich Helga von ihrer geistigen Fehlhaltung verabschiedet hatte, indem sie als symbolische Tat ein Kärtchen mit den Worten „Ich muss immer für meinen Mann da sein" verbrannte, gab sie sich eine neue geistige Stütze: „ICH bin wichtig." Das Symptom „Durchfall" hatte seine Spiegelbildfunktion erfüllt. Seit Helga selbst wichtig geworden ist, geht es ihr gesundheitlich gut. Sie spricht nur Gutes und zieht damit Gutes an, was sich nicht nur an ihrem Körper spiegelt, sondern auch an ihrer gesuchten und gefundenen Wohnraumalternative: Helga und ihr Gatte werden in eine sogenannte „betreute" Wohnung übersiedeln, die beiden große Erleichterungen im Alltagsleben gewährt.

Über Krankheit als Botschaft unserer Seele wurde schon eine beachtliche Anzahl wunderbarer Bücher geschrieben. Den Prototyp über Symptome als **Spiegelbilder unserer Geisteshaltung** hältst Du in der Hand. *Wir sind davon überzeugt, dass Krankheiten in unserem Bewusstsein entstehen, weil dort – im Geist – das schöpferische Potential des Menschen beheimatet ist.* Jedem konkreten Ereignis liegt ein Gedanke zugrunde. Deshalb entstehen auch Symptome infolge ganz bestimmter Gedanken. Das Bewusstsein eines Menschen enthält abertausende Inhalte. Da gibt es flüchtige Gedanken, die planlos herumschwirren … da gibt es klare Meinungen … festgefahrene Statements … da gibt es auch viele positive Überzeugungen … aber auch Verbote … und lieblose Glaubenssätze. Alle geistigen Inhalte, die in Summe ein menschliches Bewusstsein ausmachen, bringen einen dementsprechenden Ausdruck hervor. Leidet jemand an einem schmerzhaften Symptom, dann leidet der/die Betroffene ganz bestimmt unter einem nie beachteten Verbot. Schmerz ist immer ein Zeichen von Ablehnung. Irgendwo las ich einmal den folgenden Satz: Krankheit macht ehrlich. Das bedeutet … dass ich mich dank meines Symptoms ehrlich zeigen **muss.** Meine Krankheit zwingt mich zu dem, was **ich** am meisten **ablehne**. Gott hat mich aber vollkommen erschaffen – und deswegen brauche ich ein Symptom.

In meiner Krankheit muss (!) ich jene Eigenschaften und Verhaltensweisen ausleben, die ich ansonsten leidenschaftlich verneine.

Ein klassisches Beispiel dafür ist der Hexenschuss. Von einer Sekunde zur anderen wird jemand steif und unbeweglich, was mit fürchterlichen Schmerzen verbunden ist. Tagelang ist der/die Betroffene auf helfende Hände angewiesen. Alleine kann er/sie kaum etwas tun. Das Symptom „Hexenschuss“ macht den Patienten ehrlich, weil er jetzt Eigenschaften ausleben muss, die er vordem ablehnte → Steif und unbeweglich zu sein. Positiv verwandelt haben wir es mit den Eigenschaften *still und ruhig* zu tun. Der Hexenschuss-Patient verbietet sich also, still zu sein, nichts zu tun, ruhig da zu sitzen und abzuwarten. Welcher Fehlglaube, welches Verbot, mag dahinter stecken, dass jemand ununterbrochen auf Achse sein muss und sich nie erlaubt, eine Pause zu machen? Was ist daran verboten oder schlecht, Ruhe einkehren zu lassen und einmal nichts zu tun? In dem Moment sich der Patient diese Fragen beantwortet, hat er die geistige Ursache seiner Krankheit – den lieblosen Glaubenssatz – gefunden, kann sich davon befreien und infolge dessen auf das Positive der Eigenschaften „still, ruhig, abwartend“ einstimmen. Nun, das war bereits wieder eine kurze Vorschau auf die folgenden Abschnitte.

## Ein paar Worte zu Ganzheitlichkeit und Göttlichkeit

Als göttliches Wesen entspricht es unserer Natur, vollkommen zu sein. Beschneiden wir jedoch unsere Vollkommenheit durch Glaubenssätze, wie → „Dieses oder jenes darf ich nicht tun“, sucht sich unser Wesen eine Ausdrucksmöglichkeit durch ein Symptom, um das **nur scheinbar** aus unserer Vollständigkeit ausgegrenzte Verhalten hervor zu bringen. Noch einfacher formuliert, hört sich das so an: **Nur MIT unserem Symptom sind wir ganz.**

Unserer Vollständigkeit können wir nicht entfliehen, weil sie unserer göttlichen Herkunft entspricht. Jedes Verbot, das wir in unserem Geist festhalten, bewirkt eine illusionäre Trennung von unserem multidimensionalen Wesen. Wenn wir krank sind, scheinen wir für kürzer oder länger unsere Ganzheitlichkeit zu verlassen … welch ein Trugschluss, da ja unsere Vollkommenheit das einzig Beständige ist.

Unser Körper gestattet sich auch mithilfe von Symptomen, jene Eigenschaften zu leben, die wir uns verbieten.

Auf Dich bezogen, bedeutet das … Du lebst im Symptom jenes (ungehörige?!) Verhalten aus, das Du an Dir am allermeisten verurteilst – anstatt es zu bejahen.

Würden wir unser vielschichtiges Wesen als Bild darstellen, könnte es wie ein unendlich großes, buntes Mosaik aussehen oder wie ein Puzzle mit vielen tausend Steinen. Sofort würden wir bemerken, welche Steine vom Gesamtbild fehlen. Übertragen wir diese Metapher auf unsere Ganzheitlichkeit, müsste uns demnach sofort auffallen, welche Eigenschaften und Verhaltensweisen uns (!) fehlen, um das Bild vollendet zu sehen. Selbstverständlich werden wir uns auf die Suche nach dem fehlenden Stein machen – in unserem Fall auf die Suche nach den Eigenschaften und Verhaltensweisen unseres Symptoms. Diesen speziellen „Stein" zu entdecken, ja sogar neu zu schaffen, ist die Aufgabe aller Heilsuchenden. Wenn unser **WESEN gesund** ist – indem wir „einen bestimmten Puzzle-Stein (eine bestimmte Eigenschaft) unserem einzigartigen, ganz persönlichen Bild (in unser einzigartiges, ganz persönliches Wesen) hinzugefügt haben", dann reagiert unser **KÖRPER mit Gesundheit.**

Jeder Mensch hat sein ganz persönliches, vollkommenes Bild. Dieses fügt sich wiederum vollkommen in ein unendlich großes Gemälde ein, das wir Leben oder Gott nennen. Hier stimmt alles für immer - weil wir es mit der Vollkommenheit Gottes zu tun haben. In dem Moment wir die *Vollkommenheit Gottes* lieben, bekommen wir parallel dazu ein immenses Gespür für unsere eigene Ganzheitlichkeit. Daher halten wir den sensitiven Umgang mit dem eigenen Wesen besonders dann für außerordentlich wichtig, wenn es darum geht, die Liebesbotschaften von Symptomen zu verstehen. Wir fassen noch einmal zusammen:

Jeder von uns ist ein Spiegelbild Gottes. Und deshalb ist es für uns unmöglich, nicht vollkommen zu sein. Verneinen wir jedoch aus unserem Ego heraus bestimmte Eigenschaften oder Verhaltensweisen, findet unsere Seele eine Alternative: Sie lässt die von uns abgelehnten Eigenschaften durch ein Symptom ausleben. Wir erklärten schon, dass wir unsere Ganzheitlichkeit nie wirklich verlassen können. Die scheinbare Trennung von unserer Vollständigkeit empfinden wir zumeist als sehr schmerzlich – und dennoch bleibt unsere unveränderbare Ganzheit bestehen – weil sie der unveränderbaren Vollkommenheit Gottes entspricht.

## Ein paar Worte zu Geisteshaltungen

Bei einer Manuskriptbesprechung vertrat Alois den Standpunkt, dass es seiner Ansicht nach verschiedene Geisteshaltungen gibt. Ich bin anderer Meinung. Ich betrachte die *Gesamtsumme* meiner Gedanken, Überzeugungen und Glaubenssätze als meine *Geisteshaltung*. Manchmal verwende ich dafür auch das Wort „Bewusstsein". In meinem gleichnamigem Bild →

**„Ein menschliches Bewusstsein“**

70 x 50 cm, Acryl-Mischtechnik

versuchte ich, das bunte Gemisch aus Gedanken, Überzeugungen und Glaubenssätzen optisch darzustellen. In einer unendlich großen Kugel befinden sich unzählig viele kleinere Kugeln, die einander berühren, teilweise überlagern oder ganz überdecken. Die Farbe der Kugeln gibt Aufschluss darüber, ob es sich um bewusste Gedanken, Überzeugungen und Glaubenssätze handelt, oder um nicht beachtete Schattenbereiche. Je heller der Farbton von gelb, orange, blau, rot oder grün, desto klarer die Selbstkenntnis. Dunkelrote, tiefblaue, grün- oder grauschwarze Kugeln symbolisieren lieblose Überzeugungen und Glaubenssätze, die wir zu wenig oder gar nicht beachten. Dennoch behaupten sie ihren Platz in unserem Bewusstsein und wir sagen Ja dazu. Meistens so lange, bis wir das damit hervorgerufene Leid nicht mehr aushalten.

Ich fasse zusammen: Meine Geisteshaltung, auch Bewusstsein genannt, ist die Summe all meiner Gedanken, Überzeugungen und Glaubenssätze. Viele davon sind mir bewusst, viele andere sind mir nicht bewusst. Irgendwann in einem früheren Leben, natürlich auch in meiner Kindheit, habe ich die dunklen Kugeln in meine Geisteshaltung aufgenommen, indem ich deren Inhalte *fraglos* bejahte. Damit erklärte ich die Überzeugungen und Glaubenssätze anderer zu meiner (!) Wahrheit, ohne die Folgen für mich zu beachten. Lieblose Überzeugungen bringen lieblose Tatsachen in meinem Leben hervor, das ist ein geistiges Gesetz.

Die Spiegelgesetz-Methode ist eine praktische Möglichkeit zum Aufspüren nie beachteter, liebloser Glaubenssätze.

Die erfolgreiche Anwendung der Spiegelgesetz-Methode setzt voraus, dass wir die volle Verantwortung für ALLE Inhalte in unserer Geisteshaltung übernehmen. Eine Seminarteilnehmerin fragte mich vorige Woche, wie sie mit ihrem Unterbewusstsein umgehen soll. Meine Antwort gebe ich gerne an unsere Leser weiter: Ich trenne meine Geisteshaltung nicht. Deshalb gibt es für mich weder Über-, noch Tages-, noch Unterbewusstsein. In meinem Leben ruft MEIN Bewusstsein – die Gesamtsumme all meiner bewussten UND unbewussten Gedanken, meiner bewussten UND unbewussten Überzeugungen und meiner bewussten UND unbewussten Glaubenssätze – entsprechende Tatsachen hervor. Deswegen BIN ich verantwortlich dafür, wenn in meinem Leben etwas Liebloses geschieht. Weil **ICH** es bin, die früher übernommene, lieblose Glaubenssätze heute immer noch bejaht!

Die grauen und schwarzen Kugeln in unserem Bewusstsein sind hauptsächlich Symbole für unseren Glauben an Lieblosigkeit, Einschränkung und Mangel. Ein einziger Gedanke in diese Richtung kann zu einer Überzeugung werden, wenn wir uns ständig daran erinnern. Zu den Lieblingsbeschäftigungen vieler Menschen gehören leider immer noch emotionsgeladene Diskussionen über ihre Unglückssituation. Damit bestätigen die betroffenen Personen aber nur, worauf sie ihre Geisteskraft konzentrieren: Auf Leid und Unglück. Die nächste leidvolle Erfahrung ist damit schon vorprogrammiert, welche wiederum nur das unbeachtete Leidensbedürfnis befriedigt – und somit nichts verändert. Was ursprünglich bloß ein flüchtiger Gedanke ohne Liebe war, ist längst zu einem Glaubenssatz geworden, der vom Betroffenen aufgrund seiner schmerzhaften Folgen in den Hintergrund seines Bewusstseins geschoben wird. XY tut dann so, als hätte sich sein Glaube an Verbote, Lieblosigkeit, Einschränkung und Mangel in Luft aufgelöst. Sorry liebe Leser/innen … „Aus den Augen, aus dem Sinn“ ist hier keineswegs das passende Sprichwort. Um Euch das Anwenden der Spiegelgesetz-Methode zu erleichtern, empfehlen wir die alles entscheidende Ergänzung: „Aus den Augen, aus dem Sinn … **trotzdem vorhanden und bestimmend**.“

Unsere körperliche Verfassung ist demzufolge auch nichts anderes, als ein Spiegelbild unseres Denkens und Glaubens. Krankheit ist die Verwirklichung unserer Jahrtausende langen Konzentration auf Lieblosigkeit, Einschränkungen und Mangel. Für den Einzelnen mag es vielerlei Abstufungen und Details geben, wie sich diese Lieblosigkeiten tatsächlich auswirken. Diese individuellen, negativen Glaubenssätze herauszufinden, ist mit der Spiegelgesetz-Methode nicht nur möglich, sondern für jedermann leicht durchführbar.

*Das Symptom erlaubt sich, was WIR uns verbieten* – wir können es nicht oft genug betonen. Aus dem Blickwinkel dieser Grundregel wird es möglich, einem Symptom individuelle Eigenschaften zuzuordnen, wie auch bestimmte Verhaltensweisen. Und genau diese Eigenschafen und Verhaltensweisen sind es, die WIR uns nicht erlauben.

## Ein paar Worte zu Deutung und Bedeutung von Krankheit

Meine bisherigen Erfahrungen als Seminarleiterin bestätigen die Sehnsucht vieler Menschen nach mehr Bewusstheit. Die Frage, wie der Körper mit dem Geist zusammenspielt, taucht immer wieder auf. Und wenn ich dann antworte, dass wir einen Körper HABEN, aber nicht der Körper sind, blicke ich manchmal in verwunderte Gesichter. Noch größer wird das Staunen, wenn ich meiner Überzeugung freien Lauf lasse, dass der Körper von sich heraus überhaupt nichts tun kann. Für jede körperliche Aktion oder Reaktion brauchen meine Gliedmaßen und Organe einen Befehl. Oder sanfter ausgedrückt – sie brauchen eine Anweisung von MIR. Nun ja, von mir? Wer ist das? Wo ist dieses ICH oder MIR zu finden, wenn nicht in meinem Körper? Was oder wer bin ich? Allen, die sich mit der Deutung von Symptomen befassen, wird sich diese Frage irgendwann stellen. Womit identifiziere ich mich? Bin ich Geist, bin ich Seele, bin ich Bewusstsein? Oder bin ich gar der/diejenige, der/die meinen Geist, meine Seele, mein gesamtes Bewusstsein dirigiert? Bin ich etwa verantwortlich für Ordnung oder Chaos in meiner Geisteshaltung? Und damit auch für meinen Gesundheitszustand?

Im Namen meiner Co-Autoren fasse ich zusammen: Ich bin jener immaterielle Geist, der kraft seiner Gedankenfreiheit Tatsachen bewirkt. Zugleich bin ich auch Verwalter und Oberaufseher in meinem geistigen Königreich. Doch letzten Endes bin ich derjenige, der das Ganze beobachtet … in Frieden, mit unendlicher Güte und ewig währender Liebe. Ist das schwer vorstellbar für Dich? Vielleicht hilft Dir folgende Geschichte:

Es war einmal vor langer, langer Zeit eine unendlich große Seifenblase, die mit abertausend schillernden Seifenblasen vollgefüllt war. Alles rundherum war still und friedlich. Doch eines Tages hatte die große Seifenblase genug von diesem langweiligen Zustand und deshalb bat sie den lieben Gott um Hilfe: „Lieber Gott, lasse ein Wunder geschehen. Ich will endlich sehen, hören und spüren, was in mir drinnen ist! Ich will mich erleben!" Vom innigen Flehen der glanzvollen Schönheit berührt, erfüllte Gott ihren Wunsch sofort. Nach einem lauten Knall entluden sich Millionen bunter Seifenblasen, die sich auf der Stelle in sichtbare, hörbare und spürbare Formen verwandelten. Auf einmal gab es Blumen und Bäume, Sterne und Tiere, Felsen und Wasser. Ein dikkes Buch würde nicht ausreichen, um die Vielfältigkeit des plötzlich verwirklichten Geistes zu beschreiben. Die unendliche große Seifenblase kam aus dem Staunen nicht mehr heraus: „Das alles bin ich?" „Ja", antwortete eine gütige Stimme, „das bist Du, wenn Du den Zustand ewig ruhenden Geistes verlässt – und das wolltest Du ja!" Seit jenem Tag erkennt sich die ehemals unendlich große Seifenblase in jeder Blume und jedem Baum … in jedem Stern und jedem

Tier, in jedem Felsen und in jedem Fluss … Ach ja, sie erkennt sich natürlich auch in jedem Menschen. Darauf hätte sie beinahe vergessen, als sie den ersten Kranken sah. Wiederum war es die liebevolle Stimme Gottes, die sagte: „Das bist auch Du. Eine der unendlich vielen Seifenblasen, die in Dir drinnen waren, hat sich in ein Symptom verwandelt."

Was im Körper geschieht, ist geistigen Ursprungs. Wenn Du Dich in den Zustand der unendlich großen Seifenblase versetzt, begreifst Du plötzlich ganz leicht, dass hinter jedem Deiner Symptome ein solch geistiger Inhalt – eine Überzeugung oder ein Glaubenssatz von DIR – stecken muss! Nachdem aber DU als König Deines geistigen Reiches für den Gesamtinhalt zuständig bist, könntest Du es als Gnade empfinden, nicht nur für Deine Lebensumstände verantwortlich sein zu dürfen, sondern auch für Deine Symptome. Viele Patienten fürchten sich mehr vor Gefühlen der Hilflosigkeit, als vor körperlichen Schmerzen. Im scheinbaren Ausgeliefertsein an einen unbekannten Feind namens „Symptom" sehen wir ein großes Hindernis für den Genesungsprozess. Übernimmt der Patient die Königsrolle – und damit die **geistige Berichtigung** – bewirkt diese Befreiung aus seiner „Ich-bin-ein-armes-Opfer"-Haltung sein Gesundwerden.

Unserer Überzeugung nach ist Krankheit ein Zustand, der darauf hinweist, das wir in unserer Geisteshaltung eine grauschwarze Seifenblase dulden, die sich uns als entsprechendes Symptom zeigt. Wäre derselbe geistige Inhalt – eine Idee, eine Phantasie, ein Wunsch oder ein Begehren – in einer weißen, gelben oder rosa Seifenblase untergebracht … dann bräuchten wir kein Symptom. Warum? Weil wir uns in diesem Fall freiwillig gestatten würden, diese Idee, diese Phantasie, diesen Wunsch oder dieses Begehren auszuleben!

Die grauschwarze Farbe als Symbol für Gedanken der Lieblosigkeit, der Einschränkungen und des Mangels umnachtet einen individuellen Teil der wunderbaren Ganzheit, die ich bin. Der scheinbare Verlust dieses individuellen Teils manifestiert sich im Körper als Signal, das wir als Symptom bezeichnen. Ein Kranker leidet also unter einem Mangel in seinem Bewusstsein! Diesen Mangelgedanken „Ich kann nicht … ich darf nicht …" berichtigt das Symptom, weil es dem Patienten nicht nur seinen lieblosen Glaubenssatz spiegelt, sondern auch jenes Verhalten/jene Eigenschaft, das/die der Betroffene strikt verneint.

Symptome sind keine Feinde, die bekämpft und besiegt werden müssen. Wir könnten sie auch anders sehen. Zum Beispiel als freundliche Boten: „Freundlich? Was soll daran freundlich sein, wenn ich mich vor Schmerzen krümme?" wirst Du Dich jetzt vielleicht fragen. Ich darf Dir wieder mit einer kleinen Geschichte antworten:

Es war einmal ein kleiner Junge, der nichts anderes kannte, als wundervolle Gedanken der Liebe, der Fülle und der Freude. Seine Geisteshaltung war im wahrsten Sinne des Wortes paradiesisch – und deswegen erlebte er auf Erden das Paradies. Von Gesundheit, Liebe, Glück, Frohsinn, Reichtum und allerlei Schabernack, der ihm oft aus heiterem Himmel einfiel, begleitet … kostete er jede Minute seines erfüllten Lebens aus. Eines Tages erwachte Robert wieder einmal mit einer Superidee, die sein Herz vor Freude hüpfen ließ: „Ich zeige heute allen Menschen, denen ich begegne, wie schön das Leben ist und wie gern ich sie mag!" Gedacht, getan. So lief er hinunter in den nahen Park und umarmte eine alte Frau, die auf einer Bank vor sich hin döste, mit den Worten: „Das Leben ist so schön!" Als nächstes drückte er viele Kinder an sein Herz, die in der Sandkiste spielten.

Dann zwei ältere Herren, die sich über das Wetter unterhielten und dann … kam ein elegant gekleideter Mann auf ihn zu … „Das Leben ist so wunderbar!“ rief Robert, „Geschätzter Herr, ich mag sie. „Was fällt Dir ein, so einen Unsinn zu verbreiten!“ entrüstete sich der Mann. „Bleib mir ja vom Leib, so dreckig wie Du daherkommst! Wer glaubst Du eigentlich zu sein, dass Du mich einfach so umarmen kannst!“ Der kleine Junge zuckte zusammen und wich erschrocken ein paar Schritte zurück. Seit dieser Begebenheit sind viele Jahre vergangen. In Roberts Leben ist soweit alles in Ordnung, bis auf eines: Seit acht Jahren leidet er unter Psoriasis, einer unschönen Hautschuppenflechte auf den Unterarmen. Umarmt hat er seit dem Ausbruch seiner Krankheit kaum noch jemanden, nur seine Frau und seinen Sohn.

Wenn Du nun Roberts Geschichte als *Spiegelbild seiner Geisteshaltung* betrachtest, kannst Du sein Symptom „Schuppenflechte“ ganz leicht als FREUND wahrnehmen. Dieser Freund - dem wir Menschen den Namen „Psoriasis“ gaben – bringt Robert nichts anderes, als eine Botschaft. Würde das Symptom der menschlichen Sprache fähig sein, könnte sich diese Botschaft ungefähr so anhören: „Hallo lieber Robert. Du glaubst seit dem ewig zurückliegenden Vorfall im Park, dass Zurückhaltung nichts Gutes für Dich ist. Ich spiegle Dir Deinen Glaubenssatz, damit es Dir leichter fällt zu bejahen, wovon Du überzeugt bist: Dass es verboten ist, manchmal auch Distanz zu wahren.“

Geheilt wird der Patient niemals durch ein besiegtes Symptom. **Heilung geschieht durch Wiedereingliederung abgelehnter Eigenschaften ins eigene Wesen** – davon sind wir Autoren überzeugt. Diese Integration kann aber nur dann erfolgreich sein, wenn der/die Betroffene seine (lieblose, schlechte) Meinung ändert, indem er seinen negativen Glaubenssatz herausfindet, ihn akzeptiert und dann die bewusste Entscheidung trifft, sich davon zu befreien. Krankheit findet im Bewusstsein statt. Der körperliche Zustand ist bloß ein Spiegelbild davon. Solange der Patient irgend eine wichtige Eigenschaft oder ein bestimmtes Verhalten aus seinem Wesen ausschließt, braucht er einen Freund namens „Symptom“, um vollständig zu sein. Dieser Freund überbringt dem Patienten immer zwei Geschenke:

1. Das Geschenk, sich als Ganzes (!) und somit vollständig zeigen zu müssen.
2. Das Geschenk, Eigenschaften an sich selbst zu entdecken, die er verpönt, verneint, verurteilt – also ablehnt.

Sehen wir uns diese zwei Geschenke beim Beispiel Robert an:

*1. Geschenk:*

Seit dem Ausbruch der Psoriasis auf beiden Unterarmen umarmt Robert kaum noch einen Menschen. Sein (durch ein Symptom herbeigeführtes) distanziertes Verhalten macht Robert GANZ. Dank seiner Schuppenflechte muss (!) sich Robert nun auch distanziert zeigen, obwohl er am liebsten nur grenzenlos wäre.

*2. Geschenk:*

Robert beschreibt sein Symptom „Schuppenflechte“: Sieht *hässlich* aus. Die befallene Haut ist wie *abgezirkelt.* Sie hat *rote, klare Umrandungen.* Die ganz Fläche ist *gefühllos.*

→ abgelehnte Eigenschaften: hässlich, abgezirkelt (abgegrenzt), gefühllos

→ Das Symptom erlaubt sich, was Robert ablehnt.

Verwandeln wir nun diese Eigenschaften in ihre positive Form …

hässlich = auffallend, einzigartig

abgezirkelt = abgegrenzt, klar definiert

gefühllos = sachlich

… hört sich das Geschenk – die Heilbotschaft – für Robert so an:

Ich brauche es zu meiner Heilung, mich *klar und sachlich abzugrenzen.*

Ich brauche es zu meiner Heilung, auf *einzigartige Weise aufzufallen.*

Wir halten es für wichtig, nochmals darauf hinzuweisen, dass wir nichts verändern können, *außer der eigenen Sichtweise!* In unserem Beispiel wurde Robert von seinem Freund „Schuppenflechte" aufgefordert, seine (negative) Sichtweise zu den Themen „Grenzen zeigen" und „Auffallen" in eine Heilbotschaft zu verwandeln. Wir betonen nochmals:

Ein Symptom ist nichts anderes,
als ein abgelehnter und deshalb in den Körper
gesunkener Wesensbereich,

den sich der Patient aufgrund eines negativen Glaubenssatzes freiwillig zu leben verbietet. Im Symptom muss (!) aber der/die Betroffene die abgelehnten Verhaltensweisen und Eigenschaften ausleben. Damit ist seine Vollständigkeit bewiesen.

Die Verfassung unseres Körpers ist immer der Spiegel unserer aktuellen Geistesverfassung. In der Krankheit zeigt uns der Körper demnach etwas, das wir ohne ihn niemals erkennen könnten: Das eigene, unbeachtete Nein zu bestimmten Eigenschaften und Verhaltensweisen, **das es zu akzeptieren gilt.** Das Symptom macht sichtbar, welche Eigenschaften und Verhaltensweisen wir in unserem Leben zu kurz kommen lassen. Es zeigt auf, wo wir einseitig geworden sind. Wenn wir eine Seite zweier polarer Eigenschaften gut heißen und die andere verdammen, holen wir uns ein dementsprechendes Symptom, das an unserer Statt jene von uns (!) „verdammten" Eigenschaften hervorbringt. Die Bedeutung von Krankheit kann daher nicht in der Bekämpfung des angeblichen „Feindes Symptom" liegen, sondern in einer befreienden Erkenntnis:

*Meine Symptome garantieren meine Vollständigkeit, solange ich unwillig bleibe, bestimmte Eigenschaften und Verhaltensweisen zu bejahen.* Ab dem Moment ich zu einem aufrichtigen Ja bereit bin, habe ich die Heilbotschaft meiner Symptome schon zur Hälfte angenommen. Das Spiegelbild Symptom hat ab dem Moment seine Funktion für mich erfüllt – was bedeutet, dass ich es nicht mehr brauche – wo ich eben jene Eigenschaften bewusst und freudvoll auslebe und mich dementsprechend verhalte. Ein Beispiel:

XY leidet an einer schmerzhaften Gelenksentzündung in den Fingern, an der rechten Schulter und in beiden Knien. Die Krankheit erschwert ihm jede Art von Bewegung. XY fühlt sich als ganzes steif, was ihn fürchterlich ärgert. Die von XY „verdammte" Eigenschaft liegt klar auf der Hand: *steif.* Positiv umgewandelt wird daraus: *im Stillstand sein.* XY braucht das Symptom Gelenksentzündung zu seiner Vollständigkeit, weil er es an sich und anderen verurteilt, im Stillstand zu sein, also nichts zu tun. Ab dem Moment XY zu einem aufrichtigen „Ja, heute lasse ich alles liegen und stehen und morgen auch und übermorgen auch" bereit ist – und sich dementsprechend verhält – braucht er das Symptom Gelenksentzündung nicht mehr. Ja, noch etwas fällt XY auf: „Jetzt hab ich mich jahrelang über meinen Enkel aufgeregt, weil er immer alles liegen und stehen lässt … und jetzt auf einmal stört mich sein Vorzimmerchaos nicht mehr …“

Der sicherste Beweis, ob wir nun wirklich eine vormals abgelehnte Eigenschaft in unser Wesen integriert haben, sind unsere menschlichen Spiegelbilder, denn

Was MICH an anderen Menschen
nicht mehr stört … das habe ich (endlich) auch
FÜR MICH SELBST bejaht!

Um die wirkliche Bedeutung von Krankheit zu begreifen, erscheint uns das Ergründen kausaler Zusammenhänge weniger wichtig. Die Frage nach dem „WARUM bin ich krank?“ (mögliche Antworten: Weil schon mein Vater und mein Großvater dieselben Symptome hatten … weil die Luft verpestet ist … weil ich mir keinen Urlaub leisten kann … weil im Büro eine Klimaanlage ist … usw.) garantiert noch keine befriedigende Antwort, weil es ja um dem INHALT der Krankheit – um die Heilbotschaft – geht. Um Inhalte zu erkennen, gilt es zu akzeptieren, DASS etwas ist und WIE es ist. Weniger … WARUM es ist!

## Ein paar Worte zu kollektiven, individuellen und kulturellen Gültigkeiten

Dieses Kapitel verdanken wir Alois. Es kam gestern per E-Mail aus dem hohen Norden zu mir nach Wien.
Er schrieb …

Ich möchte gleich an die Begriffe „Deutung“ und „Bedeutung“ anschließen. Deutungen, die letzten Endes in eine Bedeutung münden, begleiten uns täglich … stündlich … nahezu immer. „Mein Kollege ist schrecklich", „Die Nachbarin ist komisch", „Die Lehrerin meiner Tochter ist verrückt" … usw. Das bedeutet, es offenbart sich uns eine gewisse Sicht, die wir oft sehr bestimmend ausdrücken. Zu Hilfe eilt uns dabei das kleine Wörtchen IST. Um ja keinen Zweifel aufkommen zu lassen, behaupten wir: Das IST eben so. Der Kollege ist so, der Nachbar ist so, die Lehrerin ist so – und meine Schwiegermutter ist schon immer so.

Mit solch einer *Deutung* leisten wir tatsächlich einen supertollen Schaffensakt, dem nur eines hinzuzufügen wäre: Wir sind eben göttliche Wesen und deshalb „schaffen" wir einiges. Wir denken uns das kleine Wörtchen IST … und unser Schaffenswille reicht völlig, um der Welt ringsherum eine *Bedeutung* zu geben. „Für mich ist es halt so, dass dieser Kollege rücksichtslos ist", behaupte ich – und schon habe ich meinem Eindruck von meinem Kollegen Gültigkeit verliehen. Eine INDIVIDUELLE GÜLTIGKEIT, denn sie gehört mir.

Noch ist unklar, ob auch alle anderen meinen Kollegen so sehen. Finde ich jedoch andere Personen, die mit meiner Deutung einer Meinung sind, gibt es kaum etwas Schöneres, als gemeinsam über den „rücksichtslosen" Kollegen herzuziehen. Damit erheben wir die individuelle Gültigkeit zur allgemeinen Gültigkeit – zur KOLLEKTIVEN GÜLTIGKEIT.

Sind sich Menschen eines ganzes Kulturkreises (Westeuropa, Indien, arabische Länder usw.) einig darüber, dass es zum Beispiel rücksichtslos ist, in Gesellschaft anderer zu rülpsen … können wir wahrlich von KULTURELLER GÜLTIGKEIT sprechen. Achtung: Rülpsen wird in manchen Kulturen als Kompliment für den Gastgeber angesehen! Auch die Römer sahen das so: „Warum rülpset und pforzet ihr nicht?“

Nun zu Verhaltensweisen und Eigenschaften. Individuell legen wir uns bestimmte Verhaltensweisen und Eigenschaften zurecht, um ja nicht so zu erscheinen, wie unser „rücksichtsloser“ Kollege – der ja nur auf sich schaut … Wir möchten auf keinen Fall so sein, wie unsere komische Nachbarin – die bloß authentisch ist und sich nicht dafür schämt … Die INDIVIDUELLEN GÜLTIGKEITEN – in unserem Buch Glaubenssätze genannt – prägen unser Leben und lassen es nicht zu, dass wir die Vielfältigkeit unseres Wesens ausleben. Wie sollte es auch möglich sein, dass wir in erster Linie auf *unser* Wohlbehagen achten, wenn die Bedeutung der Rücksichtslosigkeit wie ein Damoklesschwert über uns schwebt? Kollektive Deutungen bringen es mit sich, dass kollektive Gruppen, wie zum Beispiel … Schwiegermütter, Ehemänner, Manager, Eisenbahner, Hausfrauen usw. …. gleiche Glaubenssätze – also gleiche Gültigkeiten – mit sich tragen und somit für ähnliche Symptome anfällig sind. Bandscheibenvorfälle häufen sich nicht bei körperlich schwer arbeitenden, älteren Männern, sondern mehr und mehr bei gut gekleideten Managern, die dem beruflichen Druck, gepaart mit der Belastung eines Eigenheims auf Raten und heranwachsenden Kindern, kaum noch stand halten.

Kollektive Gültigkeiten bewirken, dass ganze Kulturkreise von bestimmten Symptomen heimgesucht werden, die andere Kulturen nur vom Hörensagen kennen. Vielleicht möchtest Du Dich über Krankheiten von Völkern informieren, um zu erkunden, ob Krebs, Asthma, Neurodermitis, Aids, Herzinfarkt … bei den Hunas, Pygmäen oder Indios bekannt sind.

Die KOLLEKTIVEN (Gruppen) und KULTURELLEN (Völker) Gültigkeiten sind am schwierigsten zu entlarven. „Was kann daran falsch sein, wenn ich ein Duckmäuser bin? Wo doch alle in meiner Familie duckmäusern … auch wenn es zum aus der Haut fahren ist." Die oft fatalen Auswirkungen kollektiver Glaubenssätze für den Einzelnen werden zumeist spät oder gar nicht durchschaut. Das Wort „spät" scheint hier passend zu sein, weil die in einen lieblosen, kollektiven Glaubenssatz involvierte Person meistens einen langen (Leidens-)Weg hinter sich hat, bis es klickt. Einer Berichtigung im eigenen Bewusstsein steht dann gottseidank nichts mehr im Weg. Das bewusste, persönliche Nein des Einzelnen zu lieblosen kollektiven Gültigkeiten kommt einer Abnabelung gleich, die einer vom Betroffenen neu gewählten, **liebevollen individuellen Gültigkeit** Platz macht.

## Ein paar Worte zum Umgang mit Krankheit

Es IST möglich, mit Krankheit anders umzugehen, als Du es wahrscheinlich gewohnt bist. Symptome sind Dir *freundlich* gesinnt, weil sie Dir immer eine Heilbotschaft bringen – wir erwähnten es schon. Solange es in Deiner Absicht liegt, *Freunde* zu bekämpfen – anstatt willkommen zu heißen – wirst Du Dein Geschenk nicht sehen.

Dein Gesundheitszustand
hängt von Deiner Bereitwilligkeit ab,
mit Deinem Symptom Frieden zu schließen.

Nun, wie schafft man das, wenn das Bein schmerzt oder der Hals? Vielleicht hilft Dir der folgende Trick:

Gib Deinem Symptom eine Gestalt und einen Namen. Wenn Du die Augen schließt und ein Zwiegespräch mit Deiner

Halsentzündung oder Deinem Fersensporn beginnst, fängt Deine Fantasie ganz bestimmt zu wirken an. Frage Deine Symptome, wie sie in menschlicher Gestalt oder als ein Tier, das Du magst, aussehen würden. Erkundige Dich auch nach den Vornamen Deiner Symptome oder sage einfach: „Du (Halsentzündung) heißt ab jetzt (zum Beispiel) Rosi."

Dieser kleine Trick funktioniert insofern auf verblüffende Weise, da Du ab sofort mit einem vorstellbaren Wesen – anstatt mit einer Diagnose – Frieden schließen kannst. Es ist viel leichter, mit Erich, einem kleinen Nasenbären, zu kommunizieren … als mit einem anonymen Gewächs auf der Ferse, nicht wahr?

Bei Maria wurde ein inoperabler Gehirntumor diagnostiziert. Wie sich bald herausstellte, lehnte Maria ihren Tumor vollkommen ab: „Er soll sich schleichen, der Schmarotzer. Ich will ihn nicht." Erst als sie ihn akzeptierte, ja sogar mit Liebe annehmen konnte, verbesserte sich ihr Gesundheitszustand spontan. Jeden Tag vor dem Einschlafen sprach sie mit „Sepperl" – so nannte sie ihren Tumor – wie mit einem vertrauten Freund, und allmählich wuchs in der jungen Frau jene friedvolle Stimmung, die für jede Heilung notwendig ist. Noch ist Maria nicht über dem Berg, obwohl es wie ein Wunder erschien, dass Lähmungen an Händen und Füßen stundenweise verschwanden. Maria schafft es noch nicht, das zu leben, was ihr der Tumor vorlebt. Die Heilbotschaft „Ich darf mich ausbreiten. Ich darf alles." gesteht sie sich leider noch immer nicht zu. Zurzeit kann Maria nicht sprechen und auch die Toilette nicht zu Fuß aufsuchen. Noch vor ungefähr 8 Wochen sprach sie mühelos nach „Ich kann bald wieder reden, kochen und gehen."

Maria's Schicksal stimmt uns traurig. Dennoch haben wir uns entschlossen, ihre Geschichte in unser Buch aufzunehmen, weil sie Wichtiges aufzeigt: Ohne tiefe Bereitwilligkeit zur Veränderung kann keine Heilung geschehen.

Der liebevolle Umgang mit Krankheit ist erlernbar. Es muss nicht sein, dass Du Dich gegen Deine Symptome aufbäumst. Genauso gut könntest Du mal etwas Neues ausprobieren. Du könntest *Deine altgewohnte Sichtweise gegen eine Friedensmission eintauschen*, indem Du mit Deiner Fantasie spielst. Damit dieser Trick von Erfolg gekrönt ist, gehen wir davon aus, dass Du sämtlichen Symptomen, die Dich derzeit quälen, bereits einen Namen und eine Gestalt verliehen hast. Besonders gut geeignet für eine geglückte Friedensmission erscheinen uns lustige Namen und putzige Gestalten, die Dir ein spontanes Lächeln entlocken. Ein Beispiel:

XY leidet unter folgenden Symptomen: Ekzem am linken Handrücken, Ohrensausen, Krampfadern und Fußpilz. XY möchte mit seinen Symptomen nicht länger auf Kriegsfuß stehen. Er ist bereit zu einem freundschaftlichen Verhältnis. Also macht er es sich auf dem Sofa bequem und schließt die Augen. Als erstes spricht XY mit seinem Ekzem: „Ich hab Dich monatelang eingeschmiert, gebadet und verbunden. Aber im Grunde meines Herzens hab ich Dich verabscheut. Lass uns jetzt miteinander Frieden schließen, ja? Ich gebe Dir ab jetzt den Namen Hugo und stelle mir vor, Du wärst ein kleiner Igel, der sich schutzsuchend in meine linke Hand verkriecht." Denselben Trick verwendet XY fürs Ohrensausen, für seine Krampfadern und für seinen Fußpilz. Schlussendlich sieht er sich einer illustren Schar gegenüber: Da sitzt Hugo, der kleine Igel (Ekzem) neben Violetta, einer sprechenden Geige (Ohrensausen). Dahinter tanzt Solina, das Indianermädchen (Krampfadern) mit Peterle, einem bunt gekleideten Harlekin (Fußpilz). Bei dieser Vorstellung muss XY lachen und er sagt: „Meine Freunde, lasst uns alle miteinander in Frieden sein." XY hat so viel Spaß mit diesem Trick, dass er noch weiterspielen möchte. Er sieht sich selbst in einem grünen, bodenlangen Hemd mit einer bunten Blume vorne drauf. In seiner rechten Hand hält er eine qualmende Friedenspfeife und in seiner linken schwingt er ein weißes Taschentuch. Er stellt sich vor, wie Hugo auf Violetta klettert und …

Es gäbe vielerlei Möglichkeiten, wie die Geschichte weitergehen könnte. Hast Du Lust, Deine Fantasie zu gebrauchen? Wenn ja, wäre das eine Übung, die Deine Kreativität aufs Beste fördert. Nun, was sich XY für seine Freunde Hugo, Violetta, Solina und Peterle ausdenkt, halten wir für nebensächlich. Ausschlaggebend halten wir die Tatsache, dass ein simpler Trick jene heitere, gelöste und friedvolle Stimmung hervor rufen kann, die für jede Heilung notwendig ist.

Frieden in unserer Seele kann erst dann entstehen, wenn WIR den Kampf gegen unsere Symptome aufgeben – indem wir unsere Gedanken auf Frohsinn, Frieden und Gelöstheit ausrichten, trotz unserer Symptome!

## Ein paar Worte zur Schulmedizin

Auf keinen Fall möchten wir mit unserem Buch die großen Erfolge der schulmedizinischen Forschung schmälern. Die chirurgische und/oder medikamentöse Behandlung von Symptomen sehen wir als wertvolle Maßnahmen, Schmerzen zu lindern und somit dem Patienten möglichst rasch ein besseres Lebensgefühl zu ermöglichen. Wir behaupten jedoch, dass die alleinige Beseitigung von körperlichen Krankheitssymptomen durch chirurgische Eingriffe oder Medikamente keine wirkliche Heilung des Betroffenen garantiert. Es ist unsere tiefste Überzeugung, dass der Ursprung von Krankheitssymptomen in unserer negativen Geisteshaltung zu finden ist, weil wir uns auf

Lieblosigkeit, Einschränkungen und Mangel

konzentrieren. Dieses negative Trio bestimmt, ja regiert sogar oft unser Verhalten. Einige wichtige Verhaltensweisen, die ZU unserem Wesen gehören, kommen dabei zu kurz. Und diese **von uns nie gelebten Verhaltensweisen** drücken sich dann in weiterer Folge über unseren Körper aus – genannt **Symptom**.

Die herkömmlichen Behandlungsmethoden der Schulmedizin zielen in erster Linie auf die Beseitigung von Symptomen, was Millionen Menschen Erleichterung und somit eine bessere Lebensqualität schenkt. Wirklich geheilt sind wir aber erst dann, wenn wir gleichzeitig unsere lieblose Einstellung zu uns selbst berichtigen. Tun wir das nicht, sucht sich unsere nie hinterfragte Selbstmissachtung über den Körper einen Weg nach draußen. Ein Symptom macht unsere eigene festgefahrene Meinung zu einer bestimmten Eigenschaft, zu einem bestimmten Verhalten, sichtbar.

Das Symptom erlaubt sich, was wir uns verbieten.

Es verhält sich so, wie wir uns auf keinen Fall verhalten möchten. Das Symptom lebt demnach *stellvertretend für uns* jene Eigenschaften aus, die wir aufgrund einer geistigen Fehlhaltung an uns selbst und somit auch an anderen Menschen verurteilen.

Würden medizinische Maßnahmen zugleich mit einer Glaubenssatz-Suche des Patienten in Einklang stehen, kämen Ärzte UND Kranke rasch und auf einfachste Art und Weise dem geistigen Ursprung des Symptoms auf die Spur. Somit könnte es auch dort – am Ursprung – behandelt und geheilt werden. Krankheitssymptome haben ihre Spiegelbild-Funktion ab dem Moment erfüllt, wo der Patient

jenes Verhalten oder jene Eigenschaft
als zu sich gehörig bejaht, das sein Körper durch
ein Symptom für ihn auslebte.

Mehr darüber erfährst du in den nachfolgenden Kapiteln.

Immer mehr Ärzte öffnen sich neuen Behandlungsmethoden und sind bereit, alternative Möglichkeiten zum Wohl ihrer Patienten heranzuziehen. Wir denken, dass die Spiegelgesetz-Methode® eine sehr wertvolle Ergänzung darstellt, wenn es darum geht, nie beachtete, negative Überzeugungen aufzuspüren, mit denen sich der Patient selbst schadet. Hat er diese einmal geäußert und akzeptiert, kann sich der Patient schließlich selbst von seiner geistigen Fehlhaltung befreien. Vielleicht ist es bloß Illusion … vielleicht eine Vision … ganz bestimmt aber ist es unser aufrichtiges Ziel, eine revolutionäre und dennoch einfache Methode darzustellen, die für die Betroffenen schlussendlich eine *individuelle Heilbotschaft* hervorbringt. Wird das Symptom gleichzeitig schulmedizinisch behandelt, sehen wir darin die höchstmögliche Tat zum Wohle des Patienten.

Wir danken unseren Lesern für ihre Aufgeschlossenheit, eine neue Methode der Symptombetrachtung kennen lernen zu wollen. Unser ganz besonderer Dank gilt jenen Ärzten und Heilpraktikern, die sich für alternative Heilansätze interessieren, während gleichzeitig die für den Patienten notwendige, medizinische Behandlung durchgeführt wird. Die in unserem Buch angeführten Fallbeispiele beweisen, dass ein Zusammenwirken mehrerer Komponenten zu beachtlichen Heilerfolgen führte. Auffällig war und ist die sicht- und spürbare Erleichterung des Patienten nach seiner blitzartig eingetretenen Soforterkenntnis, wofür bloß ein kurzes Zwiegespräch vonnöten war. Die anschließende Selbstbefreiung von einem negativen Glaubenssatz wurde mithilfe einer symbolischen Tat – der Patient verbrennt zum Beispiel ein Blatt Papier mit der Wortfolge seiner negativen Einstellung zu bestimmten Verhaltensweisen – unterstrichen. Diese geistige Berichtigung hatte zur Folge, dass die erforderlichen, medizinischen oder alternativen Maßnahmen vom Patienten leichter, oft sogar heiter, angenommen wurden. Die Gesundung des Patienten konnte aufgrund seiner neuen Geisteshaltung positiv beschleunigt werden, oder ließ sogar chronische Beschwerden nachhaltig verschwinden. Die Tatsache, kein Opfer seiner eigenen Erkrankung mehr bleiben zu müssen, hob das Bewusstsein des Patienten auf das Niveau der Selbstverantwortlichkeit – und das ist wahrlich ein wunderbares Lebensgefühl. Die wachsende Bewusstheit des Patienten darüber, dass er zu seiner Genesung immens viel beitragen kann, verwandelt seine wenig hilfreiche Opferhaltung in die eines selbstbewussten Schöpfers. Patienten, die sich ihrer Krankheit vormals ohnmächtig ausgeliefert fühlten, gelangten mithilfe der Spiegelgesetz-Methode in oft weniger als einer Stunde zu neuen Einsichten, was sich positiv auf die Einnahme von Medikamenten oder sonstige medizinische Maßnahmen auswirkte.

Auf den Punkt gebracht bieten wir mit der Spiegelgesetz-Methode eine Gesprächs-Begleitbehandlung an. Wir sind davon überzeugt, dass der Ursprung alles Konkreten – dazu gehören auch Krankheitssymptome – in der **Geisteshaltung** des Betroffenen zu finden ist.

*Die körperliche Verfassung des Patienten ist ein Ausdruck dessen, was er in Ordnung findet und was er sich verbietet, was er gut heißt oder ablehnt.*

Der Charakter des Verbots bringt es mit sich, dass der Patient vermeidet, dieses zu übertreten. Die Angst vor einer illusionären Bestrafung hindert demnach den Patienten, jene Eigenschaft auszuleben, **die sich an seiner Statt das Symptom erlaubt!** Die Spiegelgesetz-Methode in vier Schritten ermöglicht dem Betroffenen ein sofortiges Aussprechen seines Glaubens an Lieblosigkeit, Einschränkungen und Mangel. Sind diese negativen Glaubenssätze einmal geäußert, ist der Patient sogleich imstande, sich eine neue Meinung zu bilden, die zu einer gefestigten, positiven Geisteshaltung führt und seine Heilung bewirkt.

Nun, das war bereits ein kleiner Vorgeschmack auf die nächsten Kapiteln, in denen wir die Spiegelgesetz-Methode genauer ins Licht rücken.

# Teil 2

## Ein beherzter Blick auf ein Symptom als Wesenskomponente

Die Wesensart eines Menschen kannst Du Dir wie ein Mosaikbild vorstellen, das aus vielen einzelnen Wesenskomponenten-Steinchen zusammengesetzt ist. Indem wir andere Personen beschreiben, deuten wir die vielen verschiedenen Steinchen: Der ist nett, die ist schlampig, der ist höflich, die ist egoistisch … usw. Die Unterschiedlichkeit der Menschen begründet sich in der Zusammensetzung vieler solcher Wesenskomponenten – und deshalb erleben wir jeden Menschen anders. Einige Wesenszüge sind stärker ausgeprägt und für jedermann leicht zu erkennen. Andere wiederum sind kaum wahrnehmbar. Tragen wir nun einen Wesenszug in uns, den *wir uns nicht zu leben erlauben*, schafft die Ganzheitlichkeit unserer göttlichen Herkunft einen Ausgleich:

Die vernachlässigte Wesenskomponente wird durch ein Symptom an unserem Körper wahrnehmbar.

Dieses stimmige, uns entsprechende Symptom lebt nun jene Wesenskomponente aus, die wir uns zu leben verwehren. „Ich darf nicht egoistisch sein, ich darf mich nicht ausdehnen, ich darf nicht auffallen, nicht im Mittelpunkt meines Interesses stehen. Ich darf mir nicht beliebig nehmen, was ich will …“ So nimmt sich zum Beispiel der Krebs dieser verneinten Wesenskomponente an, indem er sich ausdehnt und sich beliebig rundherum alles nimmt, was er will.

Auf den Punkt gebracht, ist ein Symptom nichts anderes, als eine von uns vernachlässigte Wesenskomponente.

In einem vollkommenen Mosaikbild fehlt kein Stein. Genauso wenig fehlt unserer Vollkommenheit eine Wesenskomponente. Wenn wir die vielschichtige Vollkommenheit unseres Wesens wirklich lustvoll ausleben, nennen wir das Gesundheit. Gestatten wir uns nur einen Teil davon, übernehmen bestimmte Symptome die Verhaltensweisen der von uns verneinten Wesenskomponenten – und das nennen wir dann Krankheit.

Das bedeutet … je mehr Du Dir von dem verbietest, was wirklich ZU DIR gehört, desto größer ist die Wahrscheinlichkeit, dass Du Symptome bekommst – also krank wirst. Und umgekehrt: Je mehr Du Dir von dem erlaubst, was wirklich ZU DIR gehört, desto größer ist die Wahrscheinlichkeit, dass Du gesund bleibst. Vielleicht hast Du Dich schon öfter gefragt, was wirklich zu Dir gehört. Und solltest Du darauf noch keine Antwort gefunden haben, möchten wir Dir gerne eine anbieten: WIRKLICH zu Dir gehört alles, was Dir *Freude bereitet*, was Dir *leicht fällt*, was Dich *glücklich macht* und was Dich *friedlich stimmt*. Wesenskomponenten, die diese Kriterien für Dich erfüllen, gehören wirklich zu Dir. Wenn es Dir zum Beispiel Freude bereitet, stundenlang auf einem Bein zu hüpfen … dann gehört die Wesenskomponente „Ein-Bein-Hüpfen" wirklich zu Dir und Du solltest sie lustvoll ausleben! Auch dann, wenn Deine Eltern, Dein Partner, Dein Chef und die Nachbarn mit dem Finger auf Dich zeigen, weil sie Dich für verrückt halten. Verbietest Du Dir jedoch die zu Dir gehörige Wesenskomponente „Ein-Bein-Hüpfen", könnte es geschehen, dass Du ein Symptom bekommst. Stundenlangen Schluckauf zum Beispiel oder ein „hüpfendes" Herz …

Im Krankheitssymptom demonstriert eine nicht gelebte Wesenskomponente ihre Anwesenheit.

Wir sind davon überzeugt, dass jedes Symptom unter diesem Gesichtspunkt deutbar ist. *Das Symptom lebt für mich eine von mir abgelehnte Wesenskomponente aus.* Noch ein Beispiel:

XY ist stark kurzsichtig. Ohne Brille reicht seine Sehschärfe knappe 15 cm. Ab dann verschwimmen die Konturen von Gegenständen und Personen immer mehr. Das Haus gegenüber erscheint XY wie eine einzige graue Masse. Fenster und Türen sind nicht mehr genau erkennbar. Wir haben es in diesem Fall mit der Wesenskomponente „verschwommen, diffus, unklar" zu tun, die XY ablehnt. Er lässt sich NUR auf klare Verhältnisse ein und ist NUR für konkrete Pläne zu haben. Das Wort „vielleicht" fehlt in seinem Sprachschatz, auch Phrasen wie „warten wir`s ab" oder „ich lasse mich überraschen" scheinen Fremdworte zu sein. Die Vernachlässigung der Wesenskomponente „diffus, unklar, geheimnisvoll" ist offensichtlich – **und deswegen braucht XY ein Symptom, das an seiner Statt das Diffuse, Unklare, Geheimnisvolle auslebt:** Die Kurzsichtigkeit!

## Ein beherzter Blick auf das Verhalten eines Symptoms

Symptome können ganz schön beharrlich sein. Bestimmt hast Du schon von Symptomverschiebungen gehört. Nun, wie kommt es dazu, dass zum Beispiel ein Druck in der Magengegend aufhört, dafür aber erhöhter Blutdruck diagnostiziert wird? Erst kürzlich schüttete mir meine Tante ihr Herz aus: „Jetzt ist es endlich mit der Hüfte besser geworden. Aber dafür sticht es mich plötzlich im linken Knie. Seit ich den Herzschrittmacher habe, geht es mir ganz gut, aber dafür habe ich einen Gallenstein, der operiert werden muss."

Wenn wir NUR die Symptome beseitigen lassen, zum Beispiel durch Medikamente oder eine Operation, ohne ihnen eine tiefere Bedeutung beizumessen … dann machen sie sich woanders bemerkbar – und zwar so lange, bis wir bereit sind, die wirklichen Botschaften unserer Symptome verstehen zu wollen. Symptome sind Freunde, die uns etwas Wichtiges mitzuteilen haben: „He Du mein/e Liebe/r, ich bin ein Verhalten, das ZU DIR gehört. Nachdem Du es aber verneinst, dieses Verhalten in Dein Leben mit einzubeziehen, bleibt mir nichts anderes übrig, als es Dir vorzuführen."

Symptome zeigen immer spezielle Verhaltensweisen, die der Patient ablehnt. Mit starken Kreuzschmerzen zum Beispiel kann sich XY weder bücken noch beugen. Er läuft zum Arzt, der ihm mit einer Spritze hilft, das Symptom „Kreuzschmerzen" in den Griff zu kriegen. Nach zwei Tagen sitzt XY, von Beruf Fahrlehrer, wieder „gesund" in seinem Auto. Eine Woche später verspürt er plötzlich starke Schmerzen im rechten Knie. Er kann sein Bein kaum noch beugen. Wieder bekommt er eine Injektion, dann noch eine zweite und eine dritte. Nach einer Woche lenkt XY wieder „gesund" seinen Wagen. Aber nach weiteren drei Wochen wacht er plötzlich mit einem steifen Genick auf. Nun kann er seinen Kopf nicht beugen. Seitwärts schauen ist auch unmöglich.

Symptome sind konsequente, geduldige Freunde. Sie verhalten sich wie Kuriere, die mit einem äußerst wichtigen Dokument unterwegs sind, das dem Empfänger auf jeden Fall überbracht werden muss. Ist dieser nicht anzutreffen, versuchen sie es bei seinem Zweitwohnsitz. Auf die Sprache der Symptome übertragen hört sich diese Metapher so an: Symptome möchten dem Patienten eine ganz bestimmte Heilbotschaft vermitteln, die ein ganz bestimmtes Verhalten betrifft. Um diese bestimmten, vom Betroffenen abgelehnten Wesenskomponenten aufzuzeigen, benötigt das Symptom eine körperliche Fläche oder einen Raum. Im obigen Beispiel waren es zuerst die Lendenwirbel, wo das Symptom „Kreuzschmerzen“ zugriff, um das von XY verneinte Verhalten zu demonstrieren. Weil aber der Symptom-Kurier durch eine Injektion kurzer Hand beseitigt wurde, musste er sich eine andere „Adresse“ suchen: Das rechte Knie. Als dieser zweite Anlauf, XY die Heilbotschaft zu überbringen, wieder misslang, entschloss sich das Symptom zu einem neuerlichen Versuch und setzte sich am Genick fest. „Irgendwo muss es doch eine Stelle geben, die uns beiden einen Kontakt ermöglicht“ grübelt das Symptom, „oder müsste ich etwa noch deutlicher werden? Oh je, das freut mich aber gar nicht …“

Aus dem Verhalten Deines Symptoms kannst Du ganz leicht einen Rückschluss auf ein Verhalten VON DIR ziehen.

**Wer deutet das Symptom?**

Jener Person, welche das Symptom deutet, kommt bei der Spiegelgesetz-Methode eine ganz besondere Bedeutung zu →

Der Symptomträger ist aufgefordert, sein Symptom SELBST zu deuten!

Der Symptomträger ist demnach aufgefordert, die Eigenschaften und Verhaltensweisen seines Symptoms

mit seinen eigenen (!) Worten zu formulieren.

In diesem Wortlaut findet er die Heilbotschaft!

Die Körperstelle, wo Dein Symptom auftritt, halten wir für das Empfangen der Heilbotschaft erst in zweiter Linie für wesentlich, weil sich eben dieses bestimmte, von Dir nicht gelebte Verhalten, an x-beliebigen Körperteilen zeigen kann! Um die Heilbotschaft zu begreifen, genügt es, das **Verhalten Deines Symptoms zu BESCHREIBEN.** Was genau macht es? Was tut es? Wie verhält es sich? *Es ist allein DEINE ganz individuelle Beschreibung* – nicht die anderer Personen – *aus der Du DEINE Heilbotschaft herauslesen kannst.* Wenn DU zum Beispiel Deinen Husten so beschreibst → *überfällt* mich aus heiterem Himmel, *verhält sich unkontrolliert, verschwindet* plötzlich wieder … dann lebt Dein Husten einen Verhaltenskomplex für Dich aus, den DU DIR zu wenig oder gar nicht erlaubst: Spontan zu kommen und zu gehen, wie immer Du Lust hast. Würdest Du das Symptom „Husten" nur mit Medikamenten zum Verschwinden bringen, ohne für eine Berichtigung in Deiner Geisteshaltung zu sorgen (aufgrund der Du Dir zum Beispiel spontanes Kommen und Gehen erlaubst!), könnte das zu einer Symptomverschiebung führen. Wohlgemerkt – der Kurier will seine Botschaft auf jeden Fall überbringen!

Nehmen wir an, XY leidet ebenfalls unter dem Symptom „Husten", dessen Verhalten er wie folgt beschreibt → er *stört* mich, er *unterbricht* mich andauernd, er *hält mich auf.* Der Husten lebt für XY einen Verhaltenskomplex aus, der er sich zu wenig oder gar nicht gestattet: Inne halten, stopp oder nein sagen, durchatmen, Pause machen.

Was wir mit diesen zwei Beispielen herausheben wollen, ist bestimmt leicht nachvollziehbar für Dich: Husten ist nicht gleich Husten!

Symptome sind Überbringer von
INDIVIDUELLEN Heilbotschaften.

Um bei unseren Beispielen anzuknüpfen, brachte das Symptom „Husten“ zwei verschiedenen Personen zwei völlig unterschiedliche, individuelle Heilbotschaften. Wir wiederholen sie noch einmal:

Botschaft Nr. 1: „Lebe spontan, komme und gehe, wann Dir danach ist.“

Botschaft Nr. 2: „Halte inne, sage nein, atme durch und mache eine Pause.“

**Husten ist nicht gleich Husten, Migräne ist nicht gleich Migräne und Haarausfall ist nicht gleich Haarausfall** … Ausschlaggebend für Deine Heilung sind nicht allein medizinische Behandlungen. Ausschlaggebend für Deine Heilung ist das Verhalten Deines Freundes Symptom, der Dir eine ganz persönliche Nachricht überbringt, die da lautet: „Mein lieber Freund, ich lebe Dir ein Verhalten vor und bitte Dich, dass Du dieses Verhalten AN DIR gut heißt. Ich ersuche Dich, Deinen lieblosen Glaubenssatz dagegen zu berichtigen und dieses bestimmte Verhalten als freudvolle Selbstverständlichkeit in Dein Leben mit einzubeziehen.“

## Ein beherzter Blick auf die Eigenschaften eines Symptoms

An Symptomen kannst Du nicht nur spezifische Verhaltensweisen beobachten, sondern auch Eigenschaften. Das *juckende* Ekzem, das *steife* Knie, das *hässliche* Muttermal, der *lästige* Dauerschnupfen … Das Symptom demonstriert für Dich nicht nur ein bestimmtes Verhalten, wie im vorigen Kapitel aufgezeigt, sondern führt Dir ebenso punktgenau gewisse Eigenschaften vor Augen. Daraus kannst Du wiederum ganz leicht einen Rückschluss auf Dich selbst ziehen – weil es Eigenschaften sind, die DU verneinst, wenn nicht sogar als ungehörig verurteilst. Wir bleiben bei unseren Beispielen: „Aha … Ich lehne es ab … juckend, würgend, steif, hässlich und lästig zu sein – und deswegen brauche ich Symptome, die an meiner Statt jene Eigenschaften bejahen und ausleben.“ Wahrscheinlich kannst Du mit diesem Statement noch nicht viel anfangen und deswegen ist es hilfreich, wenn wir die benannten Eigenschaften ins Positive verwandeln →

| | |
|---|---|
| juckend | = deutlich |
| steif | = innehaltend |
| hässlich | = echt |
| lästig | = beharrlich |

Wir erwähnten schon mehrmals, dass dieses Umwandeln eine sehr INDIVIDUELLE Angelegenheit ist. Aus „hässlich“ kann zum Beispiel „authentisch“ werden, aber auch „echt“, „natürlich“, „auffällig“ oder „markant“. Für DICH gelten immer jene Eigenschaften, die DIR dazu einfallen! Unsere Beispiele dienen nur dazu, möglichst oft die *Spiegelgesetz-Methode* begreiflich zu machen, mit deren Hilfe Du leicht, rasch und **vor allem treffend** zur Heilbotschaft Deines Symptoms gelangst.

Fortsetzung unseres Beispiels: Umgewandelt lautet nun die Botschaft Deiner Symptome: „Aha … Ich trau mich nicht … meinen Mitmenschen gegenüber *deutlich(er)* zu werden, in meiner bisherigen Vorgangsweise *inne zu halten*, mich *echt* zu zeigen und *beharrlich* am Ball zu bleiben – und deswegen brauche ich ein Symptom, das an meiner Statt jene Eigenschaften bejaht und auslebt.“

Unser vollkommenes Wesen beinhaltet unzählige Eigenschaften. Gerade diese Vielfalt macht uns zu etwas Einzigartigem und beweist unsere Existenz als Individuum. An sich gibt es überhaupt keine „schlechten“ Eigenschaften – es sei denn, WIR machen sie dazu. Jede „negative“ Eigenschaft, die uns in Sinn kommt, ist eine Eigenschaft, die UNS fehlt. Sie wird uns deshalb durch ein Symptom vor Augen geführt, weil WIR sie uns nicht erlauben. Der Vollkommenheit unseres Wesens können wir aber nicht entfliehen – wir sagten das schon zu Beginn unseres Buches.

Immerwährende Vollkommenheit bedeutet, dass ALLE Eigenschaften gelebt werden dürfen/müssen, die zu uns gehören.

Seminarteilnehmer beklagen sich manchmal, weil sie das Umwandeln negativer Eigenschaften in ihre positive Form so schwierig finden. Ich bringe dann wieder einen kleinen Trick ins Spiel, den ich gerne an Dich weitergebe: Stell Dir eine goldene Münze vor, oder noch besser – lege eine etwas größere Münze vor Dich hin. Mit ein bisschen Fantasie kannst Du Dir auf der Vorderseite eine eingeprägte Eigenschaft vorstellen, als Beispiel → sanft (= positiv). Wenn Du nun die Münze umdrehst, steht auf der Rückseite DIESELBE Eigenschaft, nur anders ausgedrückt → zum Beispiel *fad* (= negativ).

Beim Verwandeln von Eigenschaften geht es immer um eine ganz bestimmte Wesenskomponente, die der Betroffene NUR in ihrer negativen Form kennt. Dass diese „Kehrseite der Medaille“ natürlich auch eine positive Frontseite besitzt … damit hat er sich noch nie beschäftigt. Symptome spiegeln uns in der Regel die „negative“ Variante, weil ja die meisten Krankheiten von Schmerz begleitet sind, also wahrlich keine positiven Glückseligkeitserlebnisse darstellen. Wenn Du einen beherzten Blick auf die Eigenschaften Deines Symptoms werfen möchtest, darf Deine Frage nicht lauten „WARUM habe ich ein Symptom?“ sondern „**WIE** ist mein Symptom?“ → mögliche Eigenschaften als Beispiel:

Aufgebläht
Aufreibend
Bohrend
Brennend
Durchlöchert
Hässlich
Heimtückisch
Hinterlistig
Kahl
Lästig
Nackt
Schleichend
Stinkend
Verkrampft
Ziehend
Zurückgezogen

Bleiben wir bei unserem Vergleich mit der Münze: Eine dieser Eigenschaften ist nun auf der Rückseite Deiner Münze eingeprägt. Noch nie bist Du auf die Idee gekommen, die Münze umzudrehen. Aber jetzt entschließt Du Dich dazu … Du wendest sie … und erkennst plötzlich auf der Vorderseite DIESELBE Eigenschaft, nur anders ausgedrückt. Und genau DIESE POSITIV beschriebene EIGENSCHAFT sollte von Dir von ganzem Herzen bejaht und gelebt werden, weil es eine Eigenschaft ist, die ZU DIR gehört.

Wir können nicht oft genug betonen, dass Symptome UNSERE Eigenschaften hervorbringen – und zwar jene, die wir am allermeisten an uns selbst und anderen bekritteln. Würden wir jene vom Symptom gespiegelten Eigenschaft an uns selbst gut heißen und in unser Leben einbeziehen, hätte unser Freund Symptom seine Aufgabe erfüllt und würde sich verabschieden.

Im Anhang dieses Buches findest Du eine Liste von Eigenschaften, negativ und positiv ausgedrückt. Diese Sammlung ist das Ergebnis aus bis dato 65 Spiegelgesetzmethode-Workshops plus Mitteilungen aus dem Freundeskreis und möge Dir nur als Anregung dienen! Wohlgemerkt → DEINE Worte sind es, welche für Dich gelten. Ich empfehle das Umwandeln negativer Eigenschaften gerne als Zeitvertreib. Ob Ihr nun über die *schwankende* Wetterlage diskutiert, oder über einen *schwankenden* Kreislauf, der den Betroffenen zum Torkeln veranlasst ... Tatsache bleibt dieselbe *Aussage* → schwankend (= Eigenschaft) und torkeln (= Verhalten). Beteiligen sich nun mehrere Personen am Umwandlungsspiel, habt Ihr vermutlich nicht nur Spaß daran, sondern auch einen großen Gewinn. Das positive Feeling für eine bestimmte Eigenschaft wächst, je mehr Alternativen ihr findet. In unserem Beispiel könnte aus der

<u>Eigenschaft *schwankend*</u> →
beweglich ... abwechslungsreich ... flexibel ... abwägend ... werden und aus dem

<u>Verhalten *torkeln*</u> →
schlendern ... ins Blaue laufen ... außergewöhnliche Vorgangsweise.

Erfahrungsgemäß klickt es bei irgend einer dieser Möglichkeiten. Der Betroffene fühlt sich berührt und persönlich angesprochen, wenn er SEINE ins Positive verwandelte Eigenschaft hört und infolge dessen selbst ausspricht. Fassen wir unser Bespiel zusammen:

XY leidet unter einem schwankenden Kreislauf. AB beklagt sich ebenso darüber. Beide Patienten beschreiben ihr Symptom als „schwankend“. XY hört nun alternative Ausdrucksweisen für die Eigenschaft seines Symptoms (siehe oben). Beim Wort „abwechslungsreich“ ruft er laut: „Ja, das ist es! Mein Leben ist in den letzten Jahren wahrhaftig zur Routine geworden“. AB hingegen fühlt sich von der Eigenschaft „abwägend“ berührt: „Ich wäge nie ab, ich warte nicht. Ich muss mich immer sofort festlegen.“ Beide Patienten haben sich durch eine vernachlässigte Wesenskomponente Kreislaufschwankungen eingehandelt. Ein und dasselbe Symptom (!) lebt für XY die Eigenschaft „abwechslungsreich“ und für AB die Eigenschaft „abwägend“ aus.

> Zwei **unterschiedliche Eigenschaften** –
> wir wiederholen sie noch einmal: *abwechslungsreich* und *abwägend* –
> werden bei zwei verschiedenen Personen, XY und AB, durch **das gleiche (ähnliche) Symptom (!)** „Kreislaufschwankungen“ ausgeglichen!

Wir hoffen, mit diesem Beispiel aufgezeigt zu haben, dass die **Umwandlung negativer Eigenschaften in ihre positive Ausdrucksform eine individuelle und somit ganz persönliche Angelegenheit ist.** NUR in einer Liste nach positiven Alternativen zu suchen, kann zu einer reinen „Kopfaktion“ werden, die dem Betroffenen weder den erforderlichen Klick beschert, noch jene tiefe Berührung im Herzen, die wir für eine Glaubenssatz-Berichtigung als notwendig erachten.

## Ein beherzter Blick auf die Spiegelgesetz-Methode

Vor vier Jahren, als es mein Buch "Schlüssel zum Glücklich-Sein - Das Spiegelgesetz" erstmals in den Buchhandlungen gab, rief eine Dame mit der Bitte an, ich möge nächstes Wochenende in Igls bei Innsbruck ein Seminar zum Thema Spiegelgesetz abhalten. Nur mit einem druckfrischen Exemplar meines Buches in der Hand fuhr ich dorthin, ohne irgendwelche Vorbereitungen oder Skripten. Und dort, an meinem ersten Workshop mit 11 Teilnehmern, fiel mir aus heiterem Himmel jene 4-Schritte-Methode ein, die wir Dir gleich vorstellen. Die Spiegelgesetz-Methode kannst Du für ALLE Spiegelbilder in Deinem Leben nützen. Nachdem wir es hier aber mit einem Buch für Symptomspiegelungen zu tun haben, konzentriert sich die Spiegelgesetz-Methode in vier Schritten eben speziell darauf.

Meistens genügen nur ein paar Minuten, um die ersten zwei Schritte erfolgreich durchzuführen: Schritt 1 BESCHREIBEN und Schritt 2 BEJAHEN UND VERWANDELN.

Der Patient beschreibt die Eigenschaften und das Verhalten seiner Körpersignale. Zum Beispiel: Der Schmerz im Knie ist lästig (= *Eigenschaft*). Außerdem *breitet* er *sich* manchmal bis zum Knöchel *aus* (= *Verhalten*). Diese Kurzbeschreibung genügt schon, um die Liebesbotschaft zu erahnen. Vorher jedoch muss der Patient sein Symptom bejahen, indem er laut ausspricht: „Ich brauche genau dieses Symptom, damit ich vollständig bin." Nun verwandelt der Patient die in Schritt 1 beschriebenen, negativen Eigenschaften und Verhaltensweisen ins Positive: Aus *„lästig"* wird z. B. **auffällig**. Aus „sich ausbreiten" wird z. B. sich **Raum gönnen**.

Die Liebesbotschaft des Symptoms lautet also: *He Du – aufzufallen gehört zu Deinem Wesen! Außerdem solltest Du Dir in einem bestimmten Lebensbereich viel mehr Raum gönnen!* Jetzt ist es die Aufgabe des Patienten, seine negative Meinung zu äußern, die das Ausleben besagter Verhaltensweisen verhindert. Eine kurze Selbstbefragung genügt dafür: „Was habe ich gegen Menschen, die gerne auffallen und sich Raum schaffen?" Die Antwort (=liebloser Glaubenssatz) wird zum Beispiel auf einen Zettel geschrieben und in

Schritt 3 DANKEN UND AUFGEBEN verbrannt. In Schritt 4 HEILBOTSCHAFT gibt sich der Patient dann selbst eine geistige Stütze, indem er sich zu seinen positiven Eigenschaften bekennt: „Ich brauche es zu meiner Heilung, aufzufallen und mir Raum zu gönnen." Noch ein Beispiel:

Theresia, Landwirtin:

**Schritt 1 BESCHREIBEN des Symptoms**

Ich leide unter Haarausfall im Scheitelbereich.
Zu den Eigenschaften fällt mir *nackt, entblößt* und *schutzlos* ein.

**Schritt 2 BEJAHEN und VERWANDELN**

B e j a h e n → „Ich brauche genau dieses Symptom, damit ich ganz bin."
V e r w a n d e l n →
*Echt* (=nackt), *natürlich* (=entblößt), f*rei, voll Vertrauen* (=schutzlos)
Verbot, liebloser Glaubenssatz → „Im Beisein anderer darf ich mir keine Blöße geben."

**Schritt 3 DANKEN und AUFGEBEN**

D a n k e n
„Ich danke Gott, dem Heiligen Geist, dem Universum …

dass ich meinen lieblosen Glaubenssatz … meine falsche Meinung … mein Verbot … gefunden habe.

A u f g e b e n

Verbrennt ein Kärtchen mit den Worten: Ich darf mir keine Blöße geben.

**Schritt 4 HEILBOTSCHAFT**

„Ich brauche es zu meiner Heilung, echt zu sein und mich ohne Maske zu zeigen."

## Die Spiegelgesetz-Methode®

Schritt 1

**BESCHREIBEN**

a. die Eigenschaften des Symptoms
b. das Verhalten des Symptoms

Schritt 2

**BEJAHEN UND VERWANDELN**

**B e j a h e n**

„Ich brauche dieses Symptom, damit ich vollständig bin. Weil es an meiner Statt Eigenschaften und Verhaltensweisen hervorbringt, die ich an mir verneine."

**V e r w a n d e l n**

a. Eigenschaften des Symptoms positiv ausdrücken
b. Verhaltensweisen des Symptoms positiv ausdrücken
c. Negativen Glaubenssatz formulieren („Was habe ich gegen Personen, die a. und b. als lustvolle Selbstverständlichkeit ausleben?"

Schritt 3

**DANKEN UND AUFGEBEN**

**Danken**

"Ich danke Gott für das Geschenk, meinen lieblosen Glaubenssatz gefunden zu haben."

**Aufgeben**

Verbrennen eines Kärtchens mit dem Wortlaut des negativen Glaubenssatzes.

Folgendes Gebet dazu sprechen oder eigene Worte dafür finden:

*Ich lege jetzt meine schlechte Meinung … meinen lieblosen Glaubenssatz … meinen Irrtum … in die goldenen Hände des Heiligen Geistes und bedanke mich innig für die Befreiung davon.*

Schritt 4

**HEILBOTSCHAFT**

„Ich brauche es zu meiner Heilung … (positiv umgewandelte Eigenschaften und Verhaltensweisen hier einsetzen)."

## Ein beherzter Blick ganz gleich wohin

Mit ein bisschen Übung und einer Portion Begeisterung für die Spiegelgesetz-Methode wirst Du immer öfter bemerken, dass es gleichgültig ist, welches Spiegelbild Du zum Entschlüsseln verwendest. Du kannst Dich in Deinem Partner erkennen, in Deinem Auto, in Deinem Symptom, in Deinem Haustier … ja sogar in einem nicht mehr zu schließenden Garagentor, was die gestrige E-Mail einer lieben Bekannten bestätigte. Eine andere Freundin konnte aufgrund ihrer defekten Waschmaschine einen negativen Glaubenssatz finden und aufgeben. Wohin unser Blick auch fällt … Wir können immer nur das (Schlechte oder Gute) wahrnehmen, worauf WIR uns konzentrieren. Und deshalb ist es völlig egal, ob wir die Eigenschaften unseres Lebensgefährten beschreiben, die Defekte unseres Autos, die Unfolgsamkeit unserer Haustiere oder das Verhalten unserer Symptome.

Auf den Punkt gebracht kann mir nur das negativ auffallen, was ICH (!) mit der Note „negativ" klassifiziere.

Falls das unglaubwürdig für Dich klingt, möchten wir Dir mit einem Beispiel auf die Sprünge helfen:

Anita beschreibt das Verhalten Ihres *Gatten:*
„Paul macht immer nur das, was er will! Er ist ein totaler Egoist!"
Anita beschreibt das Verhalten ihrer *Katze:*
„Susi macht, was sie will! Die gehorcht überhaupt nicht!"
Anita beschreibt ihre Zahnschmerzen *(Symptom):*
„Die kommen und gehen, wann immer sie wollen!"
Anita beschreibt die defekten Scheibenwischer ihres *Autos:*
„Die funktionieren nur, wann sie wollen! Setzen einfach aus und fangen irgendwann wieder von selbst an."

Die lieblose Einstellung von Anita zum Thema „Tun und Lassen, was ich will" wird damit offensichtlich. Ebenso die selbst auferlegte Begrenzung: „Ich darf nicht tun, was ICH will. Ich muss gehorchen (wem eigentlich?)" Partner, Katze, Zahnschmerzen und Auto vermitteln Anita ein und dieselbe Botschaft → *„Schau her, ich mache, was ich will!"* Die beschriebenen Spiegelbilder zeigen Anita eine Wesenskomponente, die sie sich verbietet – die aber dennoch zu ihrer Vollständigkeit gehört: Die persönliche Freiheit! Ab dem Moment sich Anita ihrer negativen Einstellung bewusst wird und sie aufgibt, öffnet sie schon einen Spalt breit das Tor zu ihrer persönlichen Freiheit. Stellt sie sich nachfolgend auf das Gute und Schöne an persönlicher Freiheit ein, zum Beispiel: „Gott gab mir persönliche Freiheit zu meinem Glück" oder „Frei sein ist mein Geburtsrecht", haben die Spiegelbilder „Partner, Katze, Zahnschmerzen und Scheibenwischer" ihre Liebesbotschaft vermittelt und damit ihre Funktion erfüllt. Erstaunlicherweise – nein logischerweise – ändert sich plötzlich Anita`s Umfeld. Ihr Lebensgefährte pocht auf gemeinsame Unternehmungen ... Susi springt kaum noch auf den gedeckten Tisch ... die Zahnschmerzen werden immer schwächer und verschwinden ganz ... und wie durch ein Wunder funktionieren auf einmal die Scheibenwischer!

Es gibt ähnliche Beobachtungen von Synchronismus: Menschen, die aus den Spiegelungen ihrer unmittelbaren Umgebung – Partner, Kinder, Haustiere, Auto – noch nichts erkannt haben, bekommen noch einmal die Chance, über ein Krankheitssymptom zu lernen.

<u>Julia, Mitte Dreißig:</u>
*Symptom:* Seit eineinhalb Monaten tägliches Aufwachen in der Nacht durch extreme Rückenschmerzen, die sich bis zum Hals hinauf ziehen.
*Eigenschaften:* lästig, hartnäckig – von Julia verwandelt in: beharrlich, aufmerksam machend
*Negativer Glaubenssatz:* Ich muss immer brav sein, um geliebt zu werden.
*Heilbotschaft:* Ich darf sein, wie ich bin.
Achtung: **Julia beschrieb ihre Mutter genauso, wie ihr Symptom!**

*Aktuelle Rückmeldung:* Julia geht es gut. Sie half vergangene Woche ihrem Schwager Steinplatten zum Haus tragen.

Walter, 52:

*Symptom:* Häufige und starke Migräneanfälle begleitet von Übelkeit.

*Eigenschaften:* ekelig, angstmachend – von Walter verwandelt in: dominant

*Negativer Glaubenssatz:* Ich darf nicht dominant sein, weil ich niemandem weh tun will.

*Heilbotschaft:* Ich darf dominant sein.

Achtung: **Auch Walter's Hund lebte ihm Dominanz vor!**

*Aktuelle Rückmeldung:* Kein Migräneanfall seit dem Spiegelgesetz-Coaching. Walter freut sich sehr darüber, dass er wählen kann, ja oder nein zu sagen.

Rosa, 42:

*Symptom:* Massive Wechselbeschwerden.

*Eigenschaften:* zerrissen, unruhig, närrisch – von Rosa verwandelt in: entladend

*Negativer Glaubenssatz:* Ich darf nicht so sein, wie mein Vater.

*Heilbotschaft:* Ich darf mich entladen, mich darf`s zerreißen!

Achtung: **Rosa beschrieb Vater und Ehemann genauso, wie ihr Symptom!**

*Aktuelle Rückmeldung:* Rosa gesteht sich immer mehr zu, dass sie auch mal eine „Bissgurn“ sein darf. Es geht ihr gut damit. Eine ähnliche Heilbotschaft fand Rosa heraus, als sie die Spiegelgesetz-Methode für ihr Symptom „juckende Haut“ anwandte.

Vielleicht hast Du schon etwas erlebt, das Dir wie ein Wunder vorkam. Stop – nicht irgendwer außerhalb von Dir hat es vollbracht – sonder DU. Nicht ein gütiges Schicksal bewirkte die kleinen Wunder im Leben von Anita. Sie war es selbst, die aufgrund der Aufhebung eines negativen Glaubensmusters zu einer neuen, positiven Einstellung gelangte. Seminarteilnehmer stellten mir schon oft die folgende Frage: „Was passiert eigentlich mit meinem Partner, meinem Hund, meinem Nachbarn usw. … wenn ich mich ab jetzt anderes verhalte?“ Als Antwort erzähle ich Dir eine wahre Geschichte:

Christine bewohnt mit ihrem Gatten und der jüngeren Tochter ein Einfamilienhaus. Seit etwa sechs Wochen hatte sich ein Marder unter dem Dach einquartiert, der die Nachruhe der Hausbewohner durch lautes Klopfen, Scharren und Nagen empfindlich störte. Christine kam mithilfe der Spiegelgesetz-Methode auf ihren negativen Glaubenssatz, den sie lustvoll verbrannte. Ich erinnere mich gut. Es ging um die Themen „Beharrlichkeit“ und „etwas Begonnenes zu Ende bringen“. Den genauen Wortlaut weiß ich nicht mehr, aber Christine stellte sich bei Schritt 4 auf das Positive von beharrlichen Menschen ein, die ihre selbst gesteckten Ziele erfolgreich abschließen. Drei Tage nach dem Workshop erreichte mich eine E-Mail von Christine: „Stell Dir vor Christa, der Marder ist sang- und klanglos verschwunden!“

Wenn eines unserer Spiegelbilder seine Funktion erfüllt hat, verschwindet es aus unserem Blickfeld oder es verändert sich MIT uns.

Wir brauchen uns nicht darum zu kümmern, was damit geschehen soll, sondern wir können das getrost jener universellen Weisheit überlassen, die wir Gott nennen.

Dein Symptom ist also DEIN Spiegelbild. Indem du dessen Verhalten und Eigenschaften beschreibst, ins Positive verwandelst und dann das Wort „Ich“ einsetzt, kannst Du die Heilbotschaft sofort in Empfang nehmen und Deine negative Einstellung dagegen formulieren. Noch ein Beispiel:

Johanna beschreibt …
… die **Eigenschaften** ihrer Migräne mit folgenden, selbst gewählten Worten → *ekelhaft und unruhig*
verwandelt in → **auffallend und flexibel**
… das **Verhalten** ihrer Migräne mit folgenden, selbst gewählten Worten → *sticht und drückt*
verwandelt in → **punktgenau und gewichtig**

In einen positiven Ich-Satz verwandelt, hört sich Johannas Heilbotschaft so an →

Ich bin **auffallend** (ekelhaft) und **flexibel** (unruhig), treffe **punktgenau** (sticht) und **gewichtig** (drückt) Entscheidungen. Die Frage: „Was habe ich gegen solche Menschen?“ bringt sofort Johanna's lieblose Gedanken zum Vorschein: „Ich muss alles aushalten. Auch erdrückende Situationen“. Diese gedankliche Einschränkung erkennt Johanna als falsch. Sie verabschiedet sich davon und verbrennt ein Kärtchen mit diesem Wortlaut. Ihre neu gewählte Idee hört sich so an: „Ich darf auffallen. Ich bin wichtig. Ich treffe punktgenaue Entscheidungen und wähle aus, mit wem ich zusammen sein will.“

# Teil 3

## Wir beleuchten, was wir für wichtig halten

Vielleicht ist Dir beim Studium unseres Buches schon aufgefallen, dass wir spezielle Textstellen öfter wiederholen. In diesem Kapitel fassen wir noch einmal zusammen, was wir für eine erfolgreiche Anwendung der Spiegelgesetz-Methode im Hinblick auf Symptome für besonders wichtig erachten.

Wir sind davon überzeugt, dass der Glaube an Lieblosigkeit, Einschränkung und Mangel eine entscheidende Rolle im Krankheitsverlauf des Patienten spielt. Deshalb erscheint es uns wichtig, dass der Patient seine lieblosen Einschränkungen wie auch seine Mangelgedanken ausspricht, akzeptiert und infolgedessen aufgibt. Wir sind ebenso davon überzeugt, dass die **bewusste Konzentration auf das Positive bestimmter Eigenschaften und Verhaltensweisen** – negativ gespiegelt (!) durch ein Symptom – die Heilung des Patienten beschleunigt, wenn nicht überhaupt herbeiführt. Was vormals eine Körperreaktion benötigte, wird nun vom Betroffenen selbst befürwortet und immer mehr ausgelebt. Wir verweisen auf das Fallbeispiel Hermine, die aufgrund ihrer neuen Geisteshaltung punkto „eigene Wichtigkeit" erfreulichere Lebensumstände schaffen konnte und derzeit nicht mehr an Durchfall leidet.

Aus Erfahrung können wir bestätigen, dass sich eine Portion **Mut zum Individuellen** sowohl beim Verwandeln negativer Eigenschaften und Verhaltensweisen, wie auch bei der Glaubenssatz-Findung als sehr fruchtbringend erwiesen hat. Was der PATIENT heraussprudelt, ist für ihn richtig! Nicht, was ihm vorgesagt wird und auch nicht, welche Worte er selbst aus einer Liste heraussucht. Wie Du aus dem Kapitel „Ein beherzter Blick auf die Eigenschaften eines Symptoms" ersehen konntest, schenken wir der INDIVIDUALITÄT des Patienten größte Aufmerksamkeit.

Was die Spiegelgesetz-Methode in vier Schritten anbelangt, bezeichnen wir die folgenden Punkte als Prioritätsfaktoren:

1. Bei Schritt 1 darf der Patient NUR beschreiben. Nicht erklären, nicht analysieren, nicht begründen.
2. Das Bejahen des Patienten bei Schritt 2, genau dieses Symptom zu BRAUCHEN, stellt den notwendigen Kontakt zwischen Patient und Symptom her. Es gelten NUR die vom Patienten geäußerten Worte. Sowohl die negativ beschriebenen Eigenschaften und Verhaltensweisen des Symptoms, wie auch die umgewandelten positiven. Die Liste im Anhang dieses Buches dient nur als Anregung.
3. Als Zeichen des Abschieds von einem lieblosen Glaubenssatz empfehlen wir, ein Kärtchen mit den vom Patienten ausgesprochenen Worten zu VERBRENNEN. Besteht dieses Möglichkeit nicht, kann das Kärtchen auch zerrissen oder anderswie entsorgt werden.
4. Die Heilbotschaft in Schritt 4 sollte sich auf die vorher abgelehnten Eigenschaften beziehen, damit dem Patienten immer klarer wird, dass er *die positive Form* benannter Eigenschaften und Verhaltensweisen ZU SEINER HEILUNG braucht.

## Wir beleuchten eine Hypothese

Selbstverständlich gibt uns auch die erkrankte Körperstelle einen wichtigen Hinweis. Allen, die sich mit spirituellen Zusammenhängen befassen, mag klar sein, dass es keine „Zufälle" im üblichen Sinn gibt. Jedes Ereignis im Leben des einzelnen Menschen und daher auch jedes Symptom ist die Folge – die Verwirklichung! – eines negativen Gedankens. Überzeugungen und Glaubenssätze sind auch nichts anderes als Gedanken. Und zwar solche, die wir über einen langen Zeitraum hinweg in unserem Geist bewahren. WO ein Symptom auftritt … am Kopf, in der Brust, in den Gelenken oder im Bauch … ist demnach keine Zufälligkeit, sondern eine sinnhafte, analoge Entsprechung. Ausgezeichnete Literatur dazu von Rüdiger Dahlke, Louise Hay, Kurt Tepperwein und anderen Autoren gibt es genug. Es ist nicht Ziel unseres Buches, bereits Bekanntes zu wiederholen. Unser Ziel ist es, die Spiegelgesetz-Methode als Bereicherung hinzuzufügen.

Bei unserer letzten Manuskriptbesprechung stellten wir fest, dass sich im Zusammenhang mit der Spiegelgesetz-Methode eine Hypothese entwickeln könnte, die wir noch ausführlicher recherchieren wollen. Unsere Vermutung deutet in folgende Richtung: *Wahrscheinlich bekommen wir dort ein Symptom, wo unser größter blinder Fleck herrscht, was die Liebe zu uns selbst betrifft.* Dort, wo wir am verwundbarsten sind, dort entsteht ein Symptom – und zwar an jener Körperstelle, die wir aufgrund unseres Glaubens an Lieblosigkeit, Einschränkung und Mangel überfordern. Wie gesagt, zu dieser Vermutung möchten wir noch Material sammeln. Trotzdem möge schon jetzt das folgende Beispiel zum leichteren Verständnis beitragen:

Gelenkserkrankungen treten häufig bei Personen auf, die ihre **Gelenkigkeit** (ihren Arbeitseinsatz, ihre sportlichen Aktivitäten usw.) **überbetonen**. Die unbeachtete Lieblosigkeit in der Geisteshaltung der Betroffenen könnte ungefähr so lauten: „Ich muss immer was tun, muss Übermenschliches leisten, sonst bin ich nutzlos und unbrauchbar und habe kein Recht, hier zu sein" zeigt sich als Symptom „Gelenksentzündung" genau *an den überbeanspruchten Körperstellen.* Die schmerzhaften Symptome spiegeln die Lieblosigkeit des Patienten zu sich selbst *exakt dort* – am Bewegungsapparat! – *wo es ihn am meisten trifft.*

Würde XY anstelle einer Gelenksentzündung zum Beispiel ein Zwölffingerdarmgeschwür bekommen, könnte es durchaus sein, dass er seinen vielen sportlichen Aktivitäten trotzdem weiterfrönt und dadurch versäumt, auf die Liebesbotschaft seines Symptoms zu horchen. Mit geschwollenen Gelenken bleibt XY jedoch nichts anderes übrig, als jegliche Art von Aktion zu unterlassen.

Wie schon eingangs erwähnt, entsteht möglicherweise eine Hypothese über das Zusammenspiel von überforderten, überbeanspruchten, überbetonten Körperteilen und Krankheitssymptomen. Je häufiger wir einen bestimmten Körperteil lieblos überfordern, desto größer die Wahrscheinlichkeit, dass dort ein Symptom auftritt. Mit dieser in den Raum gestellten Bemerkung möchten wir dieses Kapitel abschließen.

## Wir beleuchten die Widerstände des Patienten

Nicht nur ich stoße manchmal auf Widerstände bei meinen Seminarteilnehmern, sondern auch Leopold beobachtete bei seinen Patienten Verhaltensmuster, die auf Verweigerung hindeuten. Je näher wir dem Kern des Problems rücken, desto heftiger können sich solche Widerstände zeigen. Das ist durchaus verständlich. Denn wer möchte schon freiwillig zugeben, dass er lieblos, angstbesessen, selbstunwürdig, kleinmachend … also negativ denkt? Patienten halten plötzlich den Atem an oder starren ins Leere. Ihre Gedanken scheinen abzureißen, was durch den abwesenden Blick auf die gegenüberliegende Wand noch unterstrichen wird. Die erstmalige Konfrontation mit der eigenen, in vielen Punkten negativen Geisteshaltung kann ein so erschütterndes Erlebnis sein, dass sich die betroffenen Personen lieber ausklinken, als sich dem Unangenehmen zu stellen.

Wir sind uns darüber einig, dass solcherlei Widerstände absolut verständlich sind und wir sie daher niemals für Selbstkritisierungen oder Schuldgefühle zum Anlass nehmen sollten. Widerstand ist ein Zeichen von Furcht, ist bloß die unsichere Reaktion eines Menschen, der sich seiner Größe nicht bewusst ist.

Um einem möglichen Widerstand vorzubeugen, halten wir es für wichtig, den Patienten über seine wahre Größe zu informieren. Ein *Schöpfer von Tatsachen* ist weder unbedeutend, noch klein – sondern ein sehr machtvolles Wesen. Ab dem Moment sich der Patient nicht nur für seine Lebensumstände, sondern auch *für sein Symptom zuständig* sehen kann, wird seine Weigerung automatisch geringer oder schwindet ganz. Es ist doch ein Riesenunterschied, ob XY in einer führerlosen Kutsche auf der hinteren Sitzbank zittert, weil die Pferde durchgehen … oder ob *er selbst die Zügel* in seinen Händen *hält,* während das gleiche Unheil passiert.

Lieblose Glaubenssätze aufzugeben ist häufig auch mit gesellschaftlichen Konsequenzen verbunden. Nicht mehr das gleiche zu denken, wie Eltern, Geschwister, Kollegen, Freunde oder Bekannte, kann uns ziemlich bedrohlich vorkommen. Dem Unverständnis seiner Mitmenschen will sich kaum jemand aussetzen. An dieser Stelle sei gesagt: **Jene Menschen in Deiner Umgebung, die sich Dir aus Liebe zuwenden, sind nicht in der Lage, Dir Unverständnis entgegen zu bringen.** Hingegen sind jene, die Dir Unverständnis spiegeln, bei genauerer Betrachtung wahrscheinlich nicht die Begleiter auf Deinem Weg.

Widerstände gegen so etwas Neues wie die Spiegelgesetz-Methode sind begreiflich. Wir konnten beobachten, dass besonders Personen, die das Einfache als wertlos erachten und das Langwierige, Komplizierte in den Himmel heben, davon betroffen waren. Natürlich sind wir uns auch klar darüber, dass sich nicht jedermann im Spiegel seiner Symptome erkennen möchte, und wir akzeptieren das voll und ganz.

Widerstände gegen das eigene Negativdenken können auch aus Angst vor einer Bestrafung entstehen. Nur – da ist niemand außerhalb von mir, der mich als Erwachsenen bestrafen könnte!

Wir empfehlen, mit einem Spiegelgesetz-Coaching nicht länger fortzufahren, wenn das Blackout des Patienten allzu offensichtlich ist. Es gibt viele wunderbare Methoden, die zu einer größeren Bewusstheit führen. Die Spiegelgesetz-Methode ist nur eine davon.

## Wir beleuchten die ersten Zeichen des Erkennens

Bei Spiegelgesetzmethode-Workshops nehme ich die ersten Zeichen des Erkennens ziemlich rasch wahr. Wenn ich zum Beispiel mit XY bei Schritt 2 „Bejahen und Verwandeln“ angelangt bin, *erhellt sich das Gesicht* meines Gegenübers schon ein wenig - denn ich wiederhole meistens überdeutlich jene ins Positive verwandelten Eigenschaften und Verhaltensweisen, die XY zu seiner Heilung braucht. Spätestens bei Schritt 3 „Danken und Aufgeben“ beginnt XY dann zu *lächeln.* Manchmal bezeichne ich die Liebesbotschaften der Symptome auch als „Geschenk“, das die Leute sehr gerne annehmen. Oft *strahlen* mir bereits am frühen Nachmittag ungefähr vierzehn Augenpaare entgegen, die mich noch am Morgen voller Zweifel angeblickt hatten.

Auch Leopold bestätigt mir aus seiner Praxis ein weiteres Zeichen des Erkennens: *Erlösende Tränen* … die plötzlich herauskullern … manchmal begleitet von der Bitte um Entschuldigung, als wäre es ein Vergehen, die spürbare Erschütterung zu zeigen. Solche Erlösungstränen deuten wir als Zeichen dafür, dass sich eine Schleuse im Bewusstsein des Klienten geöffnet hat, die in vielen Fällen jahrzehntelang verriegelt gewesen war. Kein Wunder, wenn wir es dann mit einem Wasserfall der Erleichterung zu tun haben.

Doris, meine liebe Freundin, beobachtete ein weiteres Phänomen: Wenn ich nach dem Kärtchenverbrennungsritual mit meinen Leuten vom Hof in den Seminarraum zurückkomme, halten wir meistens eine kleine Pause. Nicht nur einmal nahm mich Doris beiseite: „Bitte schau Dir Frau A, Herrn B, Frau C … an. Die sehen plötzlich um Jahre *jünger* aus. Ihre Gesichter wirken vollkommen *entspannt*, und wie *lustig* die auf einmal sein können!“ Leopold berichtet Ähnliches: „In dem Moment der Patient erkennt, färben sich seine *Wangen rosa* bis rot und seine *Hände werden warm.*“

Auch zwischen seufzen und seufzen bemerkten wir Unterschiede. Zu den ersten Zeichen des Erkennens zählen wir weder die Selbstmitleidsseufzer, noch die Verzweiflungsseufzer und auch nicht die Resignationsseufzer. Wohl aber die von einem tiefen Ausatmen begleiteten Erleichterungsseufzer. Ich habe keine Ahnung, wie viele ich schon gehört habe, seit ich Spiegelgesetzmethode-Workshops leite. Ist auch nicht wichtig. Worauf wir aufmerksam machen möchten, liegt hoffentlich auf der Hand: Dass der blinde Fleck des Patienten hundertprozentig berührt ist, wenn ihm ein *Seufzer der Erleichterung* herausrutscht.

Fassen wir die ersten Zeichen des Erkennens zusammen:

**Du bist auf der richtigen Spur** – bei Dir selbst, bei einem Patienten oder Klienten, wenn → Du auf einmal lächeln musst, oder Dein Gegenüber lächelt

- Deine Augen plötzlich strahlen, oder der Blick Deines Gegenübers strahlend wird
- erlösende Tränen über Dein Gesicht laufen, oder über die Wangen Deines Gegenübers
- Du Dich auf einmal jünger fühlst, oder Dein Gegenüber jünger, frischer aussieht
- sich Deine Wangen rosa färben, oder das Gesicht Deines Gegenübers Farbe zeigt
- Deine Hände warm werden, oder die Hände Deines Gegenübers
- Du plötzlich das Bedürfnis verspürst, tief einzuatmen … und mit einem Seufzer der Erleichterung ausatmest, oder dasselbe Dein Gegenüber tut.

Diese sichtbaren Körperreaktionen beweisen erstens *die Berührung* mit einer „schwarzen Seifenblase“ im Bewusstsein des Betroffenen und zweitens *die Aufgeschlossenheit des Klienten*, die schwarze Farbe abzukratzen. Mit anderen Worten ausgedrückt: Der Klient/Patient ist dann bereit, einen beherzten Blick auf seinen lieblosen Glaubenssatz zu riskieren, wenn mindestens eine der obigen Körperreaktionen zutrifft.

## Wir beleuchten Symptome als *kollektive* und *individuelle* Spiegelbilder

Gleich zu Beginn dieses Kapitels möchten wir eine liebevolle Warnung in die Welt senden: Bitte bejaht nicht automatisch irgend eine abgedroschene, kollektive Ansicht! Besonders dann nicht, wenn es sich um ein Symptom an Eurem (!) Körper handelt. Wir erinnern an das Beispiel „schwankender Kreislauf“ im Kapitel „Ein beherzter Blick auf die Eigenschaften eines Symptoms“, das die individuelle Bedeutung der Eigenschaft „schwankend“ für zwei Patienten mit dem gleichen Symptom hervorhebt. Wenn Du die Spiegelgesetz-Methode als Heilansatz nützen möchtest,

brauchst Du die Bereitschaft, aus dem Kollektiv herauszutreten.
Du benötigst auch den Mut, zu widersprechen.

Am besten bringen wir ein Beispiel:
Die Erde ist eine Kugel. Das ist ein Faktum. Nehmen wir an, fünfhunderttausend Menschen behaupten plötzlich, die Erde wäre ein Quader. Überall wird die Neuigkeit verkündet. In den Tageszeitungen, im Fernsehen und im Internet. Dir kann das höchstens ein Schmunzeln entlocken, weil Du Dir absolut sicher bist, dass die Erde rund ist. Du weißt es einfach und Du fühlst es auch. Zwei Wochen später sind es schon fünf Millionen Menschen, die sich der neu gefassten Meinung anschließen. Und weitere zwei Monate glaubt es die halbe Welt. Frage an Dich: Glaubst Du nun DIR, oder fällst Du um?

Das meinten wir damit, als wir vorhin jene Portion Mut erwähnten, die Du brauchst, um aus vorgefassten, kollektiven Meinungen herauszutreten – oder noch treffender formuliert: Um Dich erst gar anzuschließen. Was aber nicht bedeutet, dass kollektive Meinungen ausnahmslos falsch sein müssen. Wozu wir Dich auffordern möchten, kostet Dich nur einen einzigen Gedanken, der da lautet:

„Stimmt das wirklich auch für MICH,
was alle behaupten?"

**Beim Verwandeln der Eigenschaften Deines Symptoms ins Positive,** ist es einzige und allein **DEIN** Wort, das Deine Heilbotschaft ans Tageslicht bringt. Diese Heilbotschaft kann sehr wohl mit der kollektiven Meinung *übereinstimmen*, aber auch nicht! Ab dem Moment Du zustimmend mit dem Kopf nickst, wenn sich zum Beispiel ein paar Leute im Wartezimmer einer Ordination über mangelnde Heilerfolge aufregen … bejahst Du damit (!) … dass auch Dir nicht geholfen werden kann. Realität beginnt nämlich in Deinem Geist.

Ein Beispiel:
Frau XY leidet unter Krampfadern in den Beinen. Wo immer die Dame Gelegenheit findet, erzählt sie davon und beklagt ihren Frust, dass wiederholtes Veröden bis jetzt keinen Heilerfolg brachte. Am linken Bein von Frau AB zeigen sich ebenfalls Krampfadern. Deswegen lauscht sie gebannt den Schilderungen von Frau XY, die soeben ausposaunt: „Mit Krampfadern müssen Sie leben. Da bleibt ihnen nichts anderes übrig, denn die kommen immer wieder." – S t o p p – Genau jetzt ist der entscheidende Moment für Frau AB:

BEJAHT sie gedankenlos die Meinung von Frau XY … „Da haben Sie wahrscheinlich recht" … dann **wird die negative Meinung von Frau XY auch zur Wahrheit von Frau AB,** was bedeutet → Frau AB's Krampfadern werden sich immer wieder erneuern, trotz vieler guter Behandlungsmethoden. Antwortet Frau AB hingegen: „Ich sehe das anders. Mir wird sicher geholfen“, tritt sie aus der kollektiven, negativen Meinung über misslungene Heilerfolge bei Krampfadern heraus.

Nicht, was irgend jemand glaubt ...
sondern, was **DU (!)** glaubst, wird in Deinem Leben Realität.

Und deshalb halten wir es für einen sehr weisen Entschluss, wenn Du kollektive Meinungen über Krankheiten für Dich hinterfragst, BEVOR Du Dich vom üblichen Ton der Masse beeinflussen lässt. Deine Heilung hängt einzig und allein von DIR ab, weil **DU** am besten die Eigenschaften und Verhaltensweisen Deiner Symptome kennst. Daher kannst nur DU die Eigenschaften Deiner Symptome – vollkommen stimmig – in eine positive Heilbotschaft verwandeln.

Nach ausreichender Überlegung haben wir uns für fünf „Volkskrankheiten“ als Beispiele entschieden, die wir nachfolgend kollektiv und individuell beleuchten. Die übliche kollektive Beschreibung steht jeweils der individuellen Beschreibung von Krankheitssymptomen (wahre Aussagen von Klienten/Patienten) gegenüber.

**RHEUMA**

**Kollektiv:** einschränkend, schmerzhaft, heiß, angeschwollen, wetterabhängig

**Individuell:** reinigend, läuternd
Johann: „Ich hatte immer Angst vor Schmerzen. Aber sie reinigen meine Gefühle, sie läutern mich.“

**KREBS**

**Kollektiv:** heimtückisch, unausweichlich, grenzüberschreitend, vereinnahmend

**Individuell:** lachhaft

Berta: „Ich kann nur mehr lachen. Der Krebs ist alle 2 Jahre woanders. Verschwindet in der Leiste und kommt an der Schulter wieder.“

**BLUTHOCHDRUCK**

**Kollektiv:** aufgeblasen, beängstigend bis zur Panik, hitzig, beklemmend

**Individuell:** springend, hüpfend, neu

Christine: „Springend und hüpfend durchs Leben, so wie mein Bluthochdruck, das ist ganz etwas Neues für mich.“

**WIRBELSÄULEBESCHWERDEN**

**Kollektiv:** behindernd, penetrant, unerwartet, lästig, nervend

**Individuell:** „Aussireisser“, lustig, humorvoll

Peter lachend: „Die Hexe hat schon wieder geschossen! Das kann nur die Aufforderung für ein Wellness-Programm sein!“

**PROBLEME MIT DER HAUT**

**Kollektiv:** juckend, brennend, hässlich, schmerzhaft, empfindlich

**Individuell:** Zeichen des Himmels

Traude: „Fieberblasen sind ein Zeichen des Himmels. Weil sie mich daran erinnern, dass ich innehalten, auf mich schauen und zur Ruhe kommen soll.“

Begreifst Du, liebe/r Leser/in, worauf es ankommt, wenn Du die Spiegelgesetz-Methode als Heilansatz verwenden möchtest? Einzig und allein auf DEINE INDIVIDUELLE Sicht. Selbst wenn sich Millionen Menschen der Meinung anschließen, dass zum Beispiel Herzrhythmusstörungen in einen Herzinfarkt münden, **muss das für Dich noch lange nicht gelten!** Bitte erinnere Dich immer daran, dass Symptome *Freunde* sind, die *Dir persönlich* eine Botschaft überbringen, die da lautet: „Ich, Dein Symptom, habe Eigenschaften … die **DU** Dir freien Herzens erlauben sollst. Ich zeige Verhaltensweisen … die **DU** bejahen und leben solltest."

Solange wir bestimmte Wesenskomponenten – Eigenschaften und Verhaltensweisen – *an uns selbst ablehnen, bleiben wir Opfer* unserer eigenen, nie beachteten, lieblosen Glaubenssätze. Es steht uns frei (!), die Rolle des Opfers aufzugeben, indem wir uns bewusst machen, wie sehr wir uns oft auf Lieblosigkeit, Einschränkungen und Mangel konzentrieren – anstatt auf Liebe, Freiheit und Fülle!

# Teil 4

## Fallbeispiele

Den Großteil der folgenden Fallbeispiele hat Leopold zur Verfügung gestellt. Der Rest stammt aus meinen Erfahrungen bei Spiegelgesetzmethode-Workshops und infolge gedanklichen Austauschs im Bekanntenkreis.

Die Vornamen der Patienten/Klienten wurden geändert. Der Einfachheit halber erlauben wir uns, bei den Fallbeispielen die nachfolgenden Abkürzungen zu verwenden. Patienten/Klienten *beschrieben* in Schritt 1 die negativen Eigenschaften und/oder Verhaltensweisen ihrer Symptome, *verwandelten* diese in Schritt 2 ins Positive, machten sich in Schritt 3 ihren *lieblosen Glaubenssatz* dagegen bewusst, gaben ihn auf und formulierten in Schritt 4 ihre *Heilbotschaft.*

Leopold`s Kommentar im Zuge unserer letzten Manuskriptbesprechung möchte ich wörtlich zitieren:

„Ich konnte feststellen, dass infolge einer Spiegelgesetzberatung bei vielen Klienten eine spontane Besserung, ja sogar Schmerzfreiheit, eintrat. Bei manchen traten die Symptome seltener auf. Alle jedoch, die vorher ihre Beschwerden als äußerst störend, ja sogar angsteinflößend empfunden hatten, konnten nun lockerer damit umgehen. Jede Spiegelgesetzberatung zeigt mir, dass jedes Symptom unglaublich präzise das abgelehnte Verhalten des Klienten widerspiegelt. Ich kann immer wieder nur staunen, was für eine einfache und rasche Hilfe uns die Spiegelgesetz-Methode in vier Schritten ermöglicht."

Abkürzungen:

EV: Eigenschaften und/oder Verhaltensweisen des Symptoms
PEV: Positiv verwandelte Eigenschaften und/oder Verhaltensweisen des Symptoms
LG: Liebloser Glaubenssatz
HB: Heilbotschaft

**Rosa, geb. 1935**
**Symptom: Haarausfall im Scheitelbereich**
EV: nackt, entblößt, schutzlos, ausgeliefert
PEV: **natürlich, echt, frei**
LG: Ich darf mir keine Blöße geben.
HB: Ich brauche es zu meiner Heilung, echt zu sein und mich ohne Maske zu zeigen.

**Sabrina, geb. 1973**
**Symptom: Übelkeit**
EV: eingesperrt, ängstlich, unruhig
PEV: **spontaner Gefühlsausdruck**
LG: Heftige Gefühle zeigen bedeutet Ausschluss.
HB: Ich brauche es zu meiner Heilung, meine Gefühle spontan zu äußern.

**Karin, geb. 1956**
**Symptom: Migräne**
EV: erdrückend, unruhig
PEV: **gebend, lebendig**
LG: Mein größter Feind ist meine Mutter.
HB: Ich brauche es zu meiner Heilung, viel zu geben und lebendig auf die Menschen zuzugehen.
Aktuell: Karin hat nur noch selten einen „Anflug“ von Migräne.

**Sylvia, geb. 1949**
**Symptom: Lähmung am rechten Bein**
EV: kraftlos, lahm
PEV: **behutsam, langsam**

LG: Ich kann nirgendwo hin gehen. Bekomme überall Schaden ab.

HB: Ich brauche es zu meiner Heilung, langsam und behutsam vorwärts zu gehen.

**Erika, geb. 1953**
**Symptom: Heiserkeit**

EV: unfair, unsolidarisch, „über den Tisch gezogen"

PEV: **eigenwillig, authentisch, stark**

LG: Ich muss es allen recht machen.

HB: Ich brauche es zu meiner Heilung, nach MEINEN Vorstellungen zu leben! Ich entwickle mich zu einer starken, authentischen Person.

**Manfred, geb. 1960**
**Symptom: Bluthochdruck**

EV: schmerzhaft

PEV: **spürbar**

LG: Gefühle zu spüren und zu zeigen ist dasselbe wie ausgenützt werden.

HB: Ich brauche es zu meiner Heilung, meine Gefühle zu äußern.

**Ernestine, geb. 1953**
**Symptom: Reizhusten**

EV: lästig, kommt unerwartet

PEV: **beharrlich, spontanes Auftreten**

LG: Ausdauer überfordert den Körper. Ich schäme mich, wenn ich auffalle.

HB: Ich brauche Beharrlichkeit zu meiner Heilung. Ich darf spontan alles sagen, was ich möchte.
Aktuell: Der Reizhusten von Ernestine ist völlig verschwunden.

**Valerie, geb. 1954**
**Symptom: Muskelverspannungen**

EV: auffällig, lästig, plötzlich da

PEV: **zielstrebig, fürsorglich, spontanes Erscheinen**

LG: Zielstrebigkeit erfordert ruheloses Handeln. Wenn ich fürsorglich bin, vergesse ich mich selbst. Spontanität ist hirnlos.

HB: Ich brauche die Zielstrebigkeit zu meiner Heilung. Spontane Ideen entstehen in Ruhe und in Ruhe erreiche ich auch mein Ziel.

**Karina, geb. 1959**
**Symptom: Druck im Hals**

EV: zermürbend, erdrückend, erzeugt Angst

PEV: **beharrlich, tragfähig, erzeugt Vorsicht**

LG: Wenn ich beharrlich bin, ziehen sich die anderen zurück. Von Übervorsichtigen distanziere ich mich, die lehne ich ab.

HB: Ich brauche es zu meiner Heilung, meine Ziele beharrlich zu verfolgen und die Fülle zu genießen, weil sie mir zusteht!

**Gerd, geb. 1970**
**Symptom: Atemnot, Brustschmerzen**

EV: hinderlich, drückend

PEV: **umgeleitet, belastbar**

LG: Ich darf auf keinen Fall von meinem Weg abkommen, das wäre zu gefährlich.

HB: (Anmerkung: Gerd war zu keiner Heilbotschaft bereit)

**Britta, geb. 1961**
**Symptom: Herzstechen**

EV: beklemmend, schmerzhaft

PEV: **verbindend, spürbar**

LG: Um mich zu verbinden, müsste ich mein Herz öffnen, aber da werde ich ausgenützt und verletzt.

HB: Ich brauche es zu meiner Heilung, mein Herz zu öffnen. In mir herrscht Einheit und ich darf mich jetzt spüren.

**Iris, geb. 1962**
**Symptom: Kopfschmerzen**

EV: drückend, unerwartet, lästig

PEV: **belastbar, überraschend, beharrlich**

LG: Wenn ich mich belastbar zeige, werde ich übergangen. Überraschende Handlungen erzeugen bei mir ein schlechtes Gewissen. Beharrlichkeit ist doch nichts für Frauen!

HB: Ich brauche Schwung in meinem Leben zu meiner Heilung. Ich darf überraschend und spontan handeln.

**Inge, geb. 1957**
**Symptom: Knochenbruch**

EV: bewegungslos

PEV: **ruhebedürftig**

LG: Ich bin wertlos, wenn ich nicht arbeite.

HB: Ich brauch es zu meiner Heilung, dass ich mich jetzt um mich kümmern darf.

**Kristina, geb. 1976**
**Symptom: Juckreiz**

EV: unverständlich, juckt

PEV: **herausfordernd, erregt Aufmerksamkeit**

LG: Herausfordernd sein, bedeutet Ärger! Wenn ich Aufmerksamkeit errege, wenden sich die Menschen von mir ab.

HB: Ich darf Aufmerksamkeit erregen. Ich brauche das zu meiner Heilung.

**Carmen, geb. 1955**
**Symptom: Stromspannung**

EV: überempfindlich, es kribbelt

PEV: **neu, es ist anders**

LG: Beziehungen machen mir Angst.

HB: Ich brauche es zu meiner Heilung, im Mittelpunkt meines Lebens zu stehen. Ich brauche andere Menschen um mich.

**Dorothea, geb. 1959**
**Symptom: Herzbeklemmung**

EV: einengend, angstauslösend, es drückt

PEV: **fürsorglich, spontan, es hält stand**

LG: Fürsorglichkeit nimmt mir die Freiheit. Nur gut durchdachte Lösungen bringen Erfolg.

HB: Ich brauche Liebe, Wärme und Fürsorge zu meiner Heilung. Ich darf spontan entscheiden und mein Ziel erreichen.

**Lisa, geb. 1959**
**Symptom: Lungentuberkulose**

EV: traurig, es schwächt

PEV: **langsam, sich fallen lassen**

LG: Langsam sein, heißt inaktiv sein, das ist schlecht. Ich verurteile schwache Frauen.

HB: Ich brauche die Langsamkeit zu meiner Heilung. Ich darf jetzt meine Freizeit genießen.

**Brigitte, geb. 1976**
**Symptom: Wasserallergie**

EV: unerwartet, es kribbelt

PEV: **spontan, es macht auf sich aufmerksam**

LG: Wenn ich auf mich aufmerksam mache, dann starren mich die Leute an!

HB: (Anmerkung: Brigitte war zu keiner Heilbotschaft bereit)

**Renate, geb. 1960**
**Symptom: Herzrhythmusstörungen**

EV: drückend, es stolpert

PEV: **bemerkbar, eigene Art der Fortbewegung**

LG: Man muss doch hauptsächlich auf andere Rücksicht nehmen!

HB: Ich brauche es zu meiner Heilung, mich bemerkbar zu machen. Indem ich MEINEN Weg gehe und zuerst auf mich schaue, geht es auch den anderen gut.
Aktuell: Renate ist von ihren Herzrhythmusstörungen befreit.

**Gusti, geb. 1961**
**Symptom: Gleichgewichtsstörungen**

EV: ängstlich, unsicher

PEV: **vorsichtig, haltsuchend**

LG: Ich darf die Kontrolle nicht verlieren. Ich will niemandem zur Last fallen.

HB: Ich brauche Vorsicht und Halt zu meiner Heilung.

**Gerhard, geb. 1941**
**Symptom: Bauchschmerzen**

EV: drückend, schmerzhaft, es sticht

PEV: **bemerkbar, spürbar, Zielsicherheit**

LG: Nur nicht auffallen, immer lieb und nett sein!

HB: (Anmerkung: Gerhard war zu keiner Heilbotschaft bereit)

**Christian, geb. 1963**
**Symptom: Magen- und Darmkrämpfe**

EV: auffällig, lähmend

PEV: **konsequent, ruhebedürftig**

LG: Wenn ich konsequent wäre … dann liebt mich niemand mehr. Ruhe? Ich muss doch den Ansprüchen anderer gerecht werden!

HB: Ich brauche Konsequenz für meine Heilung. Ruhe steht mir zu, und die will ich mir jetzt vergönnen.

**Werner, geb. 1975**
**Symptom: Rauchen**

EV: rücksichtslos, es stinkt, Verschwendung!

PEV: **die eigenen Bedürfnisse sind wichtig, auffallend, Fülle!**

LG: Ich muss es immer allen recht machen. Nur nicht auffallen. Spare in der Zeit, dann hast Du in der Not.

HB: Ich brauche es zu meiner Heilung, aufzufallen. Ich darf tun, was für MICH wichtig ist.

**Gerlinde, geb. 1964**
**Symptom: Verstopfung**

EV: blockierend, es erstickt mich

PEV: **rücksichtsvoll, einen neuen Standpunkt einnehmen**

LG: Wenn ich rücksichtsvoll bin, dann bin ich nicht mehr ich selbst! Und wenn ich einen neuen Standpunkt einnehme, zieht mein Mann aus. Das kann ich nicht verantworten.

HB: Ich brauche es zu meiner Heilung, in jeder Situation ich selbst zu sein. Interessante Chancen und Wege öffnen sich für mich, wenn ich mich neu orientiere.

**Eveline, geb. 1969**
**Symptom: Haarausfall**
EV: juckend, angstauslösend
PEV: **Aufmerksamkeit erregend, offen für Neues**
LG: Man muss sich zurücknehmen. Neues bedeutet Angst.
HB: Ich brauche es zu meiner Heilung, meine Bedürfnisse ernst zu nehmen und mit Freude der Zukunft entgegen zu blicken.

**Christiane, geb. 1954**
**Symptom: Blasendruck**
EV: drängend, es brennt
PEV: **auffordernd, heftiges Verlangen**
LG: Als Frau hat man zu warten. Lustgefühle muss man unterdrücken.
HB: Ich brauche es zu meiner Heilung, mein Verlangen zu äußern.

**Beate, geb. 1953**
**Symptom: Atemnot mit Brustschmerzen**
EV: lähmend, ungeduldig
PEV: **extrem langsam, schnell**
LG: Ich erreiche mein Ziel nicht. Weder extrem langsam, noch durch schnelles Handeln.
HB: Ich brauche es zu meiner Heilung, MEIN Tempo einzuhalten.

**Lea, geb. 1950**
**Symptom: Blähungen**
EV: aufgeblasen, erzeugt ein Völlegefühl
PEV: **größer werdend, erzeugt ein wohlig sattes Gefühl**
LG: Ich fürchte mich vor Entfaltung. Die anderen verstehen mich dann nicht.
HB: Ich brauche es zu meiner Heilung, mich auszudehnen und in jeder Hinsicht, satt zu werden.

**Paula, geb. 1964**
**Symptom: Bronchialasthma**
EV: existenzbedrohend, schwächend

PEV: **nähebedürftig, belastbar**
LG: Nähe zulassen, bedeutet verletzt zu werden. Belastbarkeit bedeutet, dass mir die anderen alles mögliche aufbürden!
HB: Ich brauche menschliche Nähe für meine Heilung.

**Hans, geb. 1979**
**Symptom: Sonnenallergie**
EV: juckend, brennend, es spannt
PEV: **spürbar, hitzig, Lustgefühl**
LG: Wenn ich mich spürbar zeige, werde ich abgelehnt. Wenn ich meine Lustgefühle auslebe, besteht die Gefahr, dass ich etwas falsch mache.
HB: Ich brauche es zu meiner Heilung, mich von meiner Lust leiten zu lassen.

**Carola, geb. 1969**
**Symptom: Depression**
EV: freudlos
PEV: **schutzsuchend**
LG: Schutzbedürftigkeit bedeutet Abhängigkeit, und das ist schlecht.
HB: Ich brauche Schutz und Liebe für meine Heilung.

**Christine, geb. 1961**
**Symptom: Augendruck**
EV: schwer, es drückt ununterbrochen
PEV: **gewichtig, es ist spürbar und hat Ausdauer**
LG: Wenn ich mich wichtig nehme, bin ich lästig. Durch intensive Gefühle erfahre ich nur Schmerz.
HB: Ich brauche es zu meiner Heilung, dass ICH wichtig bin. Auch meine Gefühle sind wichtig.

**Dieter, geb. 1948**
**Symptom: Bauchschmerzen**
EV: hart, unbeweglich
PEV: **sich durchsetzend, es fließt nicht, es steht**
LG: In bin eine Gefahr für andere, wenn ich mich durchsetze. Aus Angst vor dem Allein-Sein klammere ich, trete auf dem Stand.

HB: Ich brauche es zu meiner Heilung, meinen Willen und mein Können durchzusetzen und selbstbewusst aufzutreten.

**Augustine, geb. 1946**
**Symptom: Magenübersäuerung**

EV: brennend, unverständlich

PEV: **feurig, neu**

LG: Alles Neue flößt mir Angst ein.

HB: Ich brauche Bereicherung durch Neues zu meiner Heilung.

**Isabella, geb. 1939**
**Symptom: Migräne**

EV: vernebelt, verschleiert, rätselhaft

PEV: **einhüllend, neu**

LG: Man muss sich doch vor Verletzungen schützen. Alles Neue macht mir Angst.

HB: Ich brauche Schutz und Umhüllung zu meiner Heilung. Ich darf Veränderungen als liebevolle Abenteuer sehen.

**Grete, geb. 1950**
**Symptom: Bluthochdruck**

EV: unerwartet, hinderlich

PEV: **plötzlich und spontan, spürbar**

LG: Spontane Menschen handeln falsch und unüberlegt. Ich will nicht verletzt werden.

HB: Ich brauche spontanes Handeln zu meiner Heilung. Ich brauche es, für meine Gefühle offen zu sein.

**Trude, geb. 1956**
**Symptom: Halsentzündung**

EV: brennend, erdrückend

PEV: **hell erleuchtet, belastbar**

LG: Wenn ich strahlend bin, bin ich leer. Die Forderungen der anderen erdrücken mich.

HB: Ich brauche es zu meiner Heilung, mich als schuldloses Kind Gottes zu sehen.

**Claudia, geb. 1960**
**Symptom: Beinschwellung**

EV: lästig, schränkt mich ein

PEV: **auffällig, erkennt Grenzen**

LG: Auffallen ist dasselbe, wie abgelehnt werden. Man muss sich an die vorgegebenen Grenzen halten.

HB: Ich brauche es zu meiner Heilung, meine Meinung zu äußern. Ich darf meine Grenzen selbst festlegen.

**Konrad, geb. 1959**
**Symptom: Taubheitsgefühle**

EV: schwerhörig

PEV: **begrenzte Empfindungen**

LG: Wenn ich mich öffne, werde ich verletzt.

HB: Ich brauche es zu meiner Heilung, meine Empfindungen Schritt für Schritt zuzulassen.

**Christa, geb. 1976**
**Symptom: Magenschmerzen**

EV: schmerzvoll, unverständlich

PEV: **spürbar, andersartig**

LG: Gefühle zeigen, bedeutet verletzt zu werden. Veränderungen können schlecht sein.

HB: Ich brauche es zu meiner Heilung, meine Gefühle zu bejahen. Alles Neue kann mich bereichern.

**Thomas, geb. 1966**
**Symptom: Ekzem**

EV: juckend, verletzt Grenzen

PEV: **auffällig, wirkt globalisierend**

LG: Es gehört sich nicht, aufzufallen! Ausdehnen darf ich mich nicht, dann ist für andere zu wenig Platz.

HB: Ich brauche es zu meiner Heilung, aufzufallen und ich selbst zu sein. Ich darf mich immer mehr ausdehnen und in der Fülle leben.

**Helga, geb. 1949**
**Symptom: Myom**

EV: vergrößert, drängend

PEV: **wachsend, eigener Zeitbegriff**

LG: Mit vier Kindern reicht es mir! Langsame Frauen sind bei der Arbeit wertlos.

HB: Ich brauche es zu meiner Heilung, mich auszudehnen. Ich brauche den Genuss, in meinem Tempo zu arbeiten.

**Olga, geb. 1942**
**Symptom: Herzrhythmusstörungen**

EV: lähmend, unerklärbar

PEV: **besinnlich, neu und anders**

LG: Wenn ich mich besinne, fallen mir nur Dinge ein, die mich stören. Alles Neue bereitet mir Angst.

HB: (Anmerkung: Olga war zu keiner Heilbotschaft bereit)

**Carola, geb. 1950**
**Symptom: Sodbrennen**

EV: lästig, es brennt

PEV: **auffallend, es wärmt**

LG: Auffallen gehört sich nicht! Wenn ich Wärme suche, werde ich enttäuscht.

HB: Ich brauche es zu meiner Heilung, mich so geben, wie ich bin. Ich darf auch meine Meinung äußern. Ich brauche es, auf meine innere Stimme zu hören. Sie ist mein einziger Ratgeber.

**Bettina, geb.1947**
**Symptom: Herzbeklemmung**

EV: beherrschend, zieht sich zusammen

PEV: **fürsorglich, macht sich klein**

LG: Fürsorglich sein, sich um andere kümmern ... da bleibt mir zu wenig. Wenn ich mich klein zeige, grenzt man mich aus.

HB: Ich brauche Fürsorglichkeit zu meiner Heilung. Ich brauche es, mich klein zu zeigen.

**Else, geb. 1951**
**Symptom: Sonnenallergie**

EV: hässlich, es juckt

PEV: **einzigartig, es genießt Beachtung**

LG: Einzigartig? Dann bin ich ja egoistisch und dominant. Man nützt mich aus und wertet mich ab, wenn ich Beachtung errege.

HB: Ich brauche es zu meiner Heilung, im Mittelpunkt meines Lebens zu stehen und Beachtung zu genießen.

**Christine, geb. 1972**
**Symptom: Haarausfall**

EV: machtlos, juckend, brennend, erregt Angstgefühle

PEV: **verzichtend, spürbar, erzeugt Vorsicht**

LG: Egal, was ich mache, ich trete auf der Stelle. Gefühle zeigen, heißt verletzt zu werden. Ich verpasse Gelegenheiten, wenn ich vorsichtig bin.

HB: Ich brauche MEIN Tempo zu meiner Heilung. Ich brauche es, nach meiner inneren Stimme zu handeln, die mir Vorsicht rät.

**Kerstin, geb. 1968**
**Symptom: schwere Amenorrhoe**

EV: unerwartet, unerklärbar, lästig

PEV: **spontan, anders, beharrlich**

LG: Ich darf die Kontrolle über mich nicht verlieren. Neues macht mir Angst. Man verletzt mich, wenn ich nur meinen Zielen folge.

HB: Ich brauche es zu meiner Heilung, spontan zu sein und alles Neue willkommen zu heißen. Ich brauche Beharrlichkeit zu meiner Heilung.

**Christiane, geb. 1952**
**Symptom: Asthma**

EV: einengend, macht abhängig

PEV: **behütend, fürsorglich, erwartet Hilfe**

LG: Ich will kein Egoist sein!

HB: Ich brauche Schutz und Fürsorge zu meiner Heilung. Ich brauche Hilfe.

**Carmen, geb. 1964**
**Symptom: Knoten in der rechten Brust**

EV: unheimlich, unerklärbar

PEV: **neu, anders**

LG: Ich muss immer alles verstehen. Was ich nicht verstehe, macht mir Angst.

HB: Ich brauche es zu meiner Heilung, mich in Liebe für das Neue zu öffnen.

**Brigitte, geb. 1959**
**Symptom: Depression**

EV: einengend, einschränkend, unerwartet

PEV: **auf etwas anderes ausgerichtet, spontan**

LG: Ich versäume etwas, wenn ich mich mit anderen Dingen beschäftige. Spontan sein lehne ich ab, ich darf keinen Fehler machen.

HB: Ich brauche es zu meiner Heilung, mich spontan auf anderes zu konzentrieren.

**Erika, geb. 1942**
**Symptom: Muttermal**

EV: hässlich, es gehört nicht dazu

PEV: **originell, es zeigt sich, wie es ist**

LG: Ich bin eine bessere Frau, wenn ich auf Originalität verzichte.

HB: Ich brauche das Originelle zu meiner Heilung. Besonders in meinem Liebesleben.

**Erwin, geb. 1940**
**Symptom: Tinnitus (Ohrgeräusch)**

EV: unangenehm, es zischt, es brummt

PEV: **kreativ, es macht sich bemerkbar**

LG: Ich darf nicht auffallen. Ich darf nicht unangenehm sein.

HB: Ich brauche es zu meiner Heilung, aufzufallen und kreativ zu sein.

**Elisabeth, geb. 1949**
**Symptom: Weitsichtigkeit**

EV: verschwommen, ungenau

PEV: **weich, weit, viel Raum**

LG: Weiche Menschen sind dumm. Ich möchte nicht ausufern und andere vor den Kopf stoßen.

HB: Ich brauche die Weichheit zu meiner Heilung und ich brauche es, mich ausdehnen zu dürfen.

**Elke, geb. 1958**
**Symptom: Kurzsichtigkeit**

EV: verschwommen, ohne Begrenzung

PEV: **offen, frei**

LG: Nur Frauen, die arbeiten, haben eine Lebensberechtigung.

HB: (Anmerkung: Elke war zu keiner Heilbotschaft bereit.)

**Claudia, geb. 1955**
**Symptom: Haarausfall**

EV: langsam, unauffällig

PEV: **ausweitend, leise**

LG: Ich will niemandem den Platz wegnehmen. Ich will nicht leise sein, dann bin ich willenlos und ohnmächtig!

HB: Ich brauche es zu meiner Heilung, mich auszuweiten. Ich brauche Stille zu meiner Heilung. In der Stille liegt Macht.

**Karina, geb. 1973**
**Symptom: Kieferschwellung**

EV: geschwollen

PEV: **voll, ausgedehnt**

LG: Ich will nicht auffallen!

HB: Ich brauche es zu meiner Heilung, mich auszudehnen und aufzufallen.

**Herbert, geb. 1986**
**Symptom: Ohrgeräusch**

EV: laut, lästig

PEV: **hörbar, beharrlich, auffällig**

LG: Es gehört sich nicht, die eigene Meinung laut und offen zu sagen. Ich will weder kritisiert werden, noch auffallen.

HB: Ich brauche es zu meiner Heilung, meine Meinung laut und beharrlich zu vertreten. Ich darf das.

**Sabrina, geb. 1976**
**Symptom: ausbleibende Regelblutung**

EV: traurig, erdrückend

PEV: **zurückgezogen, fürsorglich**

LG: Ich darf mich nicht zurückziehen. Fürsorgliche Menschen haben Macht über mich.

HB: Ich brauche es zu meiner Heilung, mich zurück zu ziehen. Ich brauche es, fürsorglich zu mir zu sein.

**Rita, geb. 1956**
**Symptom: Kopfschmerzen**

EV: fordernd, schmerzhaft

PEV: **lebendig, spürbar**

LG: Ich muss wie eine Maschine funktionieren. Wenn ich Gefühle zeige, werde ich für blöd gehalten.

HB: Ich brauche Lebendigkeit zu meiner Heilung, besonders in meinem Gefühlsleben.

**Christa, geb. 1949**
**Symptom: Bluthochdruck**

EV: springend, hüpfend, erzeugt Panik

PEV: **eine andere Vorgangsweise, will Balance erzeugen**

LG: Man muss sich immer beherrschen! Nur Leistung zählt.

HB: (Anmerkung: Christa war zu keiner Heilbotschaft bereit)

**Sieglinde, geb. 1980**
**Symptom: Bindehautentzündung**

EV: minderwertig

PEV: **einzigartig**

LG: Mich übersieht man.

HB: Ich brauche meine Einzigartigkeit zu meiner Heilung. Ich darf dazu stehen.

**Herta, geb. 1957**
**Symptom: Bandscheibenvorfall**

EV: es sticht, es zieht

PEV: **es weist in eine Richtung, es entspannt**

LG: Man stutzt mich zurecht, wenn ICH eine Richtung angebe. Faul sein ist schlecht, Entspannung auch.

HB: Ich brauche es zu meiner Heilung, meine Ideen mitzuteilen. Ich brauche auch Ruhe und Entspannung zu meiner Heilung.

**Martha, geb. 1960**
**Symptom: Herpes genitalis**

EV: schmerzhaft, brennend, es juckt

PEV: **deutlich spürbar, verlangend, es erregt Aufmerksamkeit**

LG: Ich will nicht verletzt werden. Feuer und Flamme zu sein, wirkt übertrieben! Nur nicht auffallen, das macht überheblich.

HB: Ich brauche es zu meiner Heilung, Feuer und Flamme zu sein! Ich darf auffallen und ich darf mich jetzt im Liebesleben öffnen.

**Sabine, geb. 1966**
**Symptom: Fieberblasen**

EV: massiv, aggressiv, hässlich

PEV: **unübersehbar, stark, auffällig**

LG: Ich will nicht aufdringlich sein!

HB: Ich brauche es zu meiner Heilung, Stärke zu beweisen. Ich darf auffallen. Ich brauche es, gesehen zu werden.

**Gerda, geb. 1970**
**Symptom: Gicht**

EV: geschwollen, hässlich, starr

PEV: **groß, echt, ruhebedürftig**

LG: Ich bin unbedeutend, muss den anderen dauernd etwas vormachen, bin ständig auf Achse.

HB: Ich brauche es zu meiner Heilung, mich groß und echt zu zeigen. Ich brauche Ruhe und Stille.

**Renate, geb. 1957**
**Symptom: Bauchkrämpfe**

EV: sehr schmerzhaft, zieht sich zusammen

PEV: **sehr deutlich, konzentriert sich auf einen Punkt**

LG: Ich muss alles gleichzeitig im Kopf haben. Ich muss für die anderen funktionieren.

HB: Ich brauche es zu meiner Heilung, mich nur auf EINEN Punkt zu konzentrieren. Ich darf auf mich schauen.

**Walter, geb. 1945**
**Symptom: sehr starke Kreuzschmerzen**

EV: stechend wie ein Nagel
PEV: **verbindend**
LG: Ich muss mein Pensum erfüllen, sonst bin ich ein fauler Hund und werde weder geschätzt, noch geachtet.
HB: Ich brauche die Verbindung zu MIR, um heil zu werden. Ich darf mich jetzt schonen.

**Johanna, geb. 1943**
**Symptom: Nebenhöhlenentzündung**

EV: unangenehm, es verfälscht meine Stimme, es rinnt
PEV: **herausragend, es verwandelt meine Stimme, es fließt**
LG: Wer will schon aus der Masse herausragen? Ich nicht. Ich blöde alte Kuh weine oft, wenn ich alleine bin.
HB: Ich brauche es zu meiner Heilung, aus der Masse heraus zu treten und meine Stimme zu erheben. Ich darf weinen. Meine Tränen heilen mich.

**Herta, geb. 1964**
**Symptom: Tumor im rechten Auge**

EV: unerklärlich, groß, hell, strahlend
PEV: **übersinnlich**
LG: Auf übersinnliche Wahrnehmung einlassen? Dieser Aufgabe bin ich nicht gewachsen*.
HB: In Verbindung mit dem Heiligen Geist nehme ich vertrauensvoll alle Aufgaben an.

* **Stellvertretend** für **Herta's <u>Wachstum</u>** im Bereich „übersinnliche Wahrnehmung“ **wuchs** ein Tumor!

**Elisabeth, geb. 1966**
**Symptom: Angina**

EV: furchtbar, mächtig
PEV: **bunt, prächtig**
LG: Junge Mütter müssen alles aushalten.
HB: Junge Mütter sind anders!

**Birgit, geb. 1974**
**Symptom: Schwellung am linken Vorfuß**

EV: beengt
PEV: **will sich ausdehnen**
LG: Wenn ich meine Weiblichkeit betone, verliere ich die Balance.
HB: Ich darf meine Weiblichkeit ausdehnen! Ich darf sie leben.

**Elvira, geb. 1944**
**Symptom: Zyste am rechten Eierstock**

EV: angstauslösend, verändert sich vielleicht bösartig
PEV: **keimendes Wachstum**
LG: Ich bin keiner Veränderung gewachsen.
HB: Ich brauche keimendes Wachstum zu meiner Heilung. Ich entscheide mich immer für die Liebe!

**Ludwig, geb. 1949**
**Symptom: schmerzende Achillessehne**

EV: schmerzhaft, der Schuh drückt so
PEV: **spürbar, mehr Platz beanspruchen**
LG: Ich will niemandem Platz wegnehmen! Will nicht im Mittelpunkt sein.
HB: Ich brauche es zu meiner Heilung, mir genügend Raum zu gönnen und das ist OK.

**Elke, geb. 1955**
**Symptom: Atemnot**

EV: einengend, nimmt mir Freiraum
PEV: **nimmt sich wichtig**
LG: Wenn ich mich wichtig nehme, bin ich ein Egoist.
HB: Ich brauche es zu meiner Heilung, mein Freiheitsbedürfnis zu spüren und zu leben.

**Marianne, geb. 1950**
**Symptom: Migräne**

EV: schmerzhaft
PEV: **spürbar**

LG: Wenn ich Gefühle zeige, werde ich als Lügnerin hingestellt!

HB: Ich brauche es zu meiner Heilung, mich für meine Gefühle zu öffnen!

**Beate, geb. 1948**
**Symptom: Fersensporn**

EV: schmerzhaft

PEV: **spürbar**

LG: Wenn ich eine Schwäche zeige, fallen alle über mich her.

HB: Ich brauche es zu meiner Heilung, all meinen Gefühlen freien Lauf zu lassen.

## ANHANG

Die folgende Liste „negativer“ Eigenschaften und Verhaltensweisen beinhaltet nicht nur symptombezogene Aussagen, sondern enthält auch alle bisher geäußerten Worte von Seminarteilnehmern bei Spiegelgesetzmethode-Workshops. Es wurden damit Personen, Haustiere, Autos oder Symptome beschrieben. Diese Liste dient, wie schon erwähnt, nur als *Anregung* für Dich. DEINE individuelle Heilbotschaft bist nur DU imstande, herauszufinden!

| Negativ | Positiv (Liebesbotschaft) |
|---|---|
| abhängig | verbunden |
| aggressiv | kraftvoll |
| ängstlich | vorsichtig, bedacht |
| arrogant | selbstsicher |
| aufdringlich | durchsetzungskräftig |
| aufgebläht | groß, wahre Größe |
| aufreibend | deutlich bemerkbar |
| befehlend | lenkend, richtungsweisend |
| beklemmend | verbindend |
| belehrend | zuwendend |
| berechnend | vorausblickend |
| besitzergreifend | wertschätzend |
| besserwisserisch | intelligent, gescheit |
| bindungsunfähig | freiheitsliebend |
| blockierend | rücksichtsvoll |
| blöd | unschuldig, Weisheit des Narren |
| bohrend | punktgenau, deutlich |
| böse | einzigartig, individuell |
| brennend | feurig, leidenschaftlich |
| brutal | kraftvoll, direkt |
| demütigend | lebt die eigene Größe |

| | |
|---|---|
| depressiv | zurückhaltend, still |
| derb | echt, einfach, natürlich |
| desinteressiert | in sich ruhend |
| dick | weich, abgerundet |
| dominant | hervorragend, auffällig |
| dumm | eigener Maßstab, eigenes Zeitempfinden, eigene Normen |
| durchlöchert | durchlässig, transparent |
| egoistisch | selbstwürdigend |
| eifersüchtig | anteilnehmend, besonders interessiert |
| ekelhaft | konfliktbereit |
| fad | langsam, ruhig, zentriert |
| falsch (unaufrichtig) | schlau, wiff |
| farblos | einfach |
| faul | entspannt, ruhebedürftig |
| feige | sorgsam |
| fett (sehr dick) | wohlbeleibt, rund |
| fordernd | lebendig |
| frech | wortgewandt, schlagfertig |
| fremdbestimmt | auf Gott vertrauend |
| freudlos | schutzbedürftig |
| frigide | hervorragend geschützt |
| gedankenlos | verträumt, unschuldig |
| gefühlskalt | sachlich |
| geil | lustvoll |
| geizig | sorgt gut für sich selbst |
| geldgierig | wohlhabend, reich |
| gemein | selbstsicher, willensstark |
| genussunfähig | Freude am Wesentlichen |
| gierig | bedürftig nach … |
| gleichgültig | neutral, beobachtend |
| grausam | durchgreifend |
| grauslich | fremdartig, ungewohnt, neu |
| grob | sehr stark |
| habgierig | Fülle annehmend |
| hart | durchsetzungsfähig |

| | |
|---|---|
| hasserfüllt | großes Gefühlspotential |
| hässlich | markant, einzigartig |
| heimtückisch | clever |
| hektisch | lebensfroh, schnell |
| heuchlerisch | schauspielerisches Talent |
| hilflos | schutzbedürftig |
| hinterlistig | diplomatisch, erfinderisch |
| impotent | kann sich sehr gut schützen |
| irre | andere Sichtweise, erweitertes Bewusstsein |
| jähzornig | gefühlsstark |
| kahl | ohne Maske, natürlich |
| kalt | sachlich, vorsichtig |
| klammernd | bindungsfähig |
| knausrig | sparsam |
| kontrollierend | fürsorglich |
| kraftlos | behutsam |
| kritisch | abwägend |
| lasch | sanft, langsam |
| lähmend | besonnen |
| lästig | lebendig, auffallend |
| leidend | deutliche Gefühlsäußerung |
| liederlich | leichtfüßig, locker |
| linkisch | kindlich |
| maßregelnd | mitverantwortlich, mitfühlend |
| nachtragend | gutes Gedächtnis, beharrlich |
| nackt | echt |
| neidisch | nach Fülle strebend, sucht Erfüllung |
| oberflächlich | leicht, locker, einfach |
| ordinär | authentisch, ehrlich |
| penetrant | auffällig |
| pervers | vielseitig, kreativ |
| plattwalzend | stärker als alles andere |
| präpotent | auffällig, durchsetzungskräftig |
| primitiv | naturbelassen |
| provokant | herausfordernd, konfliktbereit |

| | |
|---|---|
| redefaul | in sich ruhend, beobachtend |
| roh | echt, deutlich |
| sarkastisch | treffsichere Ausdrucksweise |
| schlampig | auf Wesentliches konzentriert |
| schleichend | langsam |
| schlimm | ideenreich, lebenslustig |
| schmarotzerisch | lebenstüchtig |
| schmutzig | natürlich |
| schulmeisternd | gescheit, hilfsbereit |
| schwammig | weich |
| schwerhörig | begrenzte Aufnahmebereitschaft |
| selbstherrlich | liebt seine Einzigartigkeit |
| stechend | auf sich aufmerksam machend |
| steif | ruhig, stillhaltend |
| stinkend | naturbelassen |
| streitsüchtig | kommunikationsfähig, konfliktbereit |
| stur | konsequent |
| süchtig | genussfähig |
| tätowiert | geschmückt, schön |
| teilnahmslos | selbstzentriert |
| tödlich | erlösend |
| träge | langsam, still, ruhig |
| tyrannisch | führungsfähig |
| überheblich | selbstwürdigend |
| überrumpelnd | überzeugend |
| überstülpend | beschützend |
| unartig | erfinderisch, lebendig |
| unbeweglich | ruhig, abwartend |
| unentschlossen | bedacht, vorsichtig |
| unfolgsam | eigene Meinungsbildung |
| ungeduldig | schnell, spontan, dynamisch |
| ungepflegt | natürlich, echt |
| ungerecht | eigenes Wertsystem |
| unmännlich | empfänglich |
| unpünktlich | eigener Zeitbegriff |
| unrealistisch | visionär, kreativ, phantasievoll |

| | |
|---|---|
| unruhig | lebhaft |
| unterschwellig | suggestive Begabung |
| unverantwortlich | eigene Richtlinien |
| unverständlich | neu, anders |
| unweiblich | stark, aktiv |
| vereinnahmend | beschützend |
| verkrampft | auf einen Punkt konzentriert |
| verlogen | kreativ, phantasievoll |
| vernebelt | umhüllt |
| verrückt | phantasievoll, kreativ |
| voreingenommen | eigene Meinungsbildung |
| zerrend | rasch weg von … |
| zerstörerisch | lebenswillig |
| ziehend | ausdehnend |
| zurückgezogen | eins mit sich selbst |
| zweckorientiert | hingebungsvoll |
| zynisch | wortgewandt, intelligent |

Wenn Du mit den Autoren Kontakt aufnehmen willst, wende Dich an den Ennsthaler-Verlag

oder schreibe an:

**Christa Kössner**
E-Mail: ckhappy@vienna.at
Homepage http://members.vienna.at/Koessner
Postfach 33, A 1024 Wien

**Dr. Leopold Leeb**
A 2500 Baden, Kaiser-Franz-Josef-Ring 27
Tel 02252-44474

**Dipl. Ing. Alois Senger**
E-Mail: alsen@utanet.at